北京大学法学院
北京大学粤港澳大湾区知识产权发展研究院
"大治论坛:全球互联网法律观察(2020-2021)"报告

全球互联网法律观察
(2020—2021)

张 平/主编

中国法制出版社
CHINA LEGAL PUBLISHING HOUSE

前　言

互联网行业日新月异，对传统法律体系和监管机构来说是突破和挑战，社会各方需要作出调整及回应，以保障各方主体的正当权益，促进互联网行业的健康发展。北京大学法学院作为全国法学院中较早开设互联网法律课程的学院、北京大学粤港澳大湾区知识产权发展研究院作为立足并服务于粤港澳大湾区高新技术产业的智库机构，长期以来持续关注互联网法律问题，围绕重点问题作了大量研究工作，定期发布《互联网技术创新专利观察报告》《互联网个人信息保护及测评报告》等成果，力争规范互联网产业及其发展，为互联网行业健康可持续发展保驾护航。

基于此，北京大学法学院、北京大学粤港澳大湾区知识产权发展研究院以互联网产业为观察对象，组织开展以“治”为宗的研究报告和学术论坛，每年选取相关互联网法律热点问题进行跟踪研究，从法律治理层面对其进行解读、给予回应。

首份年度报告《全球互联网法律观察（2020—2021）》于2021年年初完成初稿撰写，并邀请法学领域专家针对报告提出修改意见，在此基础上形成改稿。2021年4月18日，报告在北京于首届“大治论坛：全球互联网法律观察（2020—2021）”上发布，40余名学术界、实务界的专家学者针对报告提出的各项互联网法律问题展开了深入的探讨、讨论。会后，研究团队根据会议中的专家发言和观点，整理形成“观点精选”，收录于各部分结尾处，以作补充和纪念。

序

“治谓以事咨辩陈请。”

——《周礼》

人类社会正经历以“智能化”为主要标志的第四次工业革命，以云计算、大数据、人工智能、区块链为代表的新一代信息技术加速了科技与经济社会各领域、各行业的融合创新，推动全球进入继农业经济、工业经济之后的新一代社会经济发展形态——数字经济时代！

在数字化转型的技术氤氲下，互联网已然成为社会发展的核心，极大地提升了人类认识和改造世界的能力，成为世界各国科技、经济、综合国力竞争的焦点和制高点。互联网治理也已成为国际竞争的一项新的“必修课”，世界各主要经济体正借此良机在数字经济发展中对互联网治理抢占主动，许多国家纷纷制定和修改涉互联网治理的有关战略或法案，以试图加强互联网监管规范和价值挖掘，同时国际社会在互联网领域规则的竞合博弈也愈发激烈，个人信息保护、数字内容贸易、平台治理、数字税等都已成为目前最重要的热点议题，并由此引发了平台反垄断、内容产业市场整治、未成年人保护等重点延伸问题。

党的十九届五中全会审议通过的《中共中央关于制定国民经济和社会发展第十四个五年规划和二〇三五年远景目标的建议》指出：“依

法依规加强互联网平台经济监管”，“推动建立多边、民主、透明的全球互联网治理体系”。为落实有关方针政策，近年来，国家相继颁布和完善了以《中华人民共和国民法典》为核心的民事法律规范体系，修订以《中华人民共和国刑法》为核心的一系列刑事法律规范体系，完善诸如著作权法、反不正当竞争法、电子商务法、未成年人保护法等涉及互联网领域的诸多法律规范，将个人信息保护法、数据安全法、反垄断法等亦纳入制定和修订的立法进程，以期对科技发展带来的新突破、传统学科出现的新融合、产业变革产生的新风云予以法律治理层面的回应。

在此背景下，北京大学法学院/知识产权学院、北京大学粤港澳大湾区知识产权发展研究院联合中国法学交流基金会、北京北大英华科技有限公司共同举办“大治论坛：全球互联网法律观察”，并发布《全球互联网法律观察（2020—2021）》。该报告针对目前互联网领域最关切的“网络平台个人数据流通利用”“网络游戏直播知识产权争议”“平台经济反垄断”“网络直播营销行业监管”“未成年人网络保护”五大热点议题进行深入分析。

关于“网络平台个人数据流通利用”问题，报告从司法典型案例出发，在数据要素市场建制背景下，结合域内外经验，试图通过场景化分析方法，划定个人数据权益保护的正当性边界，总结性地提出了促进个人数据流通和利用应当遵守个案限缩使用原则、利益平衡原则、诚实信用与商业道德原则、知情同意与合理使用原则以及数据安全原则。

关于“网络游戏直播知识产权”问题，报告在剖析游戏直播行业上下游市场格局背景下，以网络游戏产业发展利益与游戏直播利益平衡为基础，提出在区分原则基础上根据游戏类型、玩家贡献程度等因素认定网络游戏直播画面的独创性、是否构成作品及认定合理使用的依据，同时提出在有关案件中需明确诉讼保全应满足的条件，以及网络游戏直播中的反垄断分析依然应当遵循“相关市场界定—市场支配力认定”逻辑基础分析市场行为。

关于“平台经济领域反垄断”问题，报告结合平台自我优待行为的域外规制经验，分析该行为在我国政策、立法、司法与产业发展现状语境下的效果与困境，以此基础探讨我国反垄断法的修改以及未来相关执法中对平台自我优待行为的有效规制方法，从立法理念、立法模式、分析框架以及监管模式角度提供一个较为清晰的分析框架。

关于“网络直播营销行业监管”问题，报告通过梳理2020年全年网络直播营销行业的立法、执法和司法领域的重点监管事件，并围绕商家、主播及MCN机构、直播平台、电商平台的法律责任与义务展开四个专题研讨，以期形成对直播电商行业及其治理的总结与展望。

关于“未成年人网络保护”问题，报告对2020年全年域内外有关未成年网络保护的重点事件进行总结，力求客观、全面地呈现未成年人网络保护的立法、执法和司法发展情况；针对重点突出问题，以专题讨论的形式进行讨论，并有针对性地提出了相应的建议。

报告立足本土，放眼全球，内容横穿理论与实践，兼顾国内与国际之情，以促进产业发展和实现权利合理配置为基本价值，总结当前在个人数据流通利用、网络游戏直播、平台经济、网络直播营销、未成年人网络保护领域的法律制度现状及主要问题，借鉴不同国家或地区、不同行业的法律治理模式和路径，勾勒出了一系列科学且符合产业发展实际的认知方法和系统思考，以期为互联网法律治理提供更多建设性思路和建议，共同实现为全球互联网法律治理贡献中国智慧！

莺飞草长花萦甸，燕归柳青正是春！四月，值此春暖花开时节，诚邀各界同仁相会于未名湖前，飨学术，叙情谊，共谋远猷，共襄互联网法律治理盛举！

是为序。

张　平

二零二一年四月

目　录 CONTENTS

第一部分

网络平台个人数据流通利用研究

一、引言

进入互联网和弱人工智能时代，以数据为基础的数字经济已经成为全球各类产业发展的重要增长点，上至各个国家，下至各平台企业以及每个用户，无不逐渐处于数据的影响与控制之下。作为大数据产生和应用的基础与前提，促进个人数据的流通和利用是整个互联网经济链条中的重要一环，管道化的角色定位使得其与公民个人以及平台企业紧密衔接，在提升国际竞争力、推动经济社会发展、促进国家治理体系和治理能力现代化、满足人民日益增长的美好生活需要方面发挥着越来越重要的作用。2020 年 10 月 29 日，中国共产党第十九届五中全会在京举行，全会提出要加快发展现代产业体系，推动经济体系优化升级，坚定不移建设网络强国与数字中国，加快数字化发展；2020 年 12 月，中共中央印发《法治社会建设实施纲要（2020—2025 年)》，文件提出要建立健全数据安全管理制度、研究制定个人信息保护法[①]；2020 年 12 月 16 日至 18 日，中央经济工作会议在京举行，会议强调国家支持平台企业创新、依法规范发展，健全数字规则，完善平台企业垄断认定、数据收集使用管理、消费者权益保护等方面的法律规范；2021 年《政府工作报告》[②] 与《中华人民共和国国民经济和社会发展第十四个五年规划和 2035 年远景目标纲要》[③] 也同时提出，要激活数据要素潜能，加快建设数字经济。

近年来，在国家不断强化数据利用与保护的同时，产业界对个人数

---

① 《中共中央印发〈法治社会建设实施纲要（2020—2025 年）〉》，载中国政府网，http：//www. gov. cn/zhengce/2020 - 12/07/content_ 5567791. htm，最后访问时间：2022 年 1 月 4 日。

② 2021 年《政府工作报告》，载中国政府网，http：//www. gov. cn/zhuanti/2021lhzfgzbg/index. htm? _ zbs_ baidu_ bk，最后访问时间：2022 年 1 月 4 日。

③ 《中华人民共和国国民经济和社会发展第十四个五年规划和 2035 年远景目标纲要》，载中国政府网，http：//www. gov. cn/xinwen/2021 - 03/13/content_ 5592681. htm，最后访问时间：2022 年 1 月 4 日。

据权益的争夺日趋激烈，用户、平台[①]以及第三方机构作为个人数据流通利用链条中最重要的三方主体，对个人数据上所承载的人格权益和财产权益具有互相排斥而又互相融合的诉求：用户以其个人数据的出让换取相应的便捷服务、平台重点关注个人数据汇聚为大数据后所产生的经济价值并改进自身商业模式、第三方机构利益的扩增在挤压用户以及其他平台合法权益的同时又会平衡市场的竞争格局。在这种逻辑背景下，产业实践中各方主体围绕个人数据流通利用中的权益划分产生了多起纠纷。但是，立法往往落后于产业的发展，我国现有的立法多着重于对个人信息以及隐私的保护方面，对于个人数据商业化流通利用中的权益划分则立法供给存在一些不足。在这种情况下，司法界选择在既有的反不正当竞争法框架下寻求纠纷解决之道，我国法院多采用反不正当竞争法第二条的原则性条款作为裁量依据，在权益保护和产业发展的前提下，对实践中的各方权益予以平衡。

本报告将从个人数据的相关概念出发，通过对个人数据权益冲突的介绍，构建不同的场景分类，在参考欧盟与美国经验的基础上，力求划定个人数据权益竞争的正当边界。

二、个人数据之相关概念厘定

（一）个人数据的内涵与外延

我国现行法律没有对个人数据的概念进行明确的界定，具体完善的规则体系还未建立。目前立法领域主要针对个人信息进行了一系列探索，[②]已于2021年1月1日实施的《中华人民共和国民法典》第一千零

① 本部分所称“平台”为互联网平台，是指通过网络信息技术，使相互依赖的双边或者多边主体在特定载体提供的规则下交互，以此共同创造价值的商业组织形态。除引用外，本报告统一使用“平台”一词，不再对“数字平台”“平台”“平台经营者”“平台企业”进行区分。

② 参见彭诚信：《数据利用的根本矛盾何以消除——基于隐私、信息与数据的法理厘清》，载《探索与争鸣》2020年第2期。

三十四条第二款、第三款规定："个人信息是以电子或者其他方式记录的能够单独或者与其他信息结合识别特定自然人的各种信息，包括自然人的姓名、出生日期、身份证件号码、生物识别信息、住址、电话号码、电子邮箱、健康信息、行踪信息等。个人信息中的私密信息，适用有关隐私权的规定；没有规定的，适用有关个人信息保护的规定。"《中华人民共和国个人信息保护法》第四条对个人信息作了如下定义："个人信息是以电子或者其他方式记录的与已识别或者可识别的自然人有关的各种信息，不包括匿名化处理后的信息。个人信息的处理包括个人信息的收集、存储、使用、加工、传输、提供、公开、删除等。"可以看出，我国当前对个人信息的界定主要以可识别性为主，包括直接识别与间接识别。

在市场经济下的商业领域，由于数据处理技术的不断发展，尤其是进入大数据时代以后，能否识别个人身份的信息边界越来越模糊，许多传统概念上无法识别个人身份的信息，经过技术手段的处理后，也能够准确识别到个人用户，如采用特定技术即可通过人类的耳朵、气味、心跳等信息数据识别特定的人，结合大数据分析技术和精准地图即可通过用户上传到互联网中的照片数据识别特定个人。因此，个人数据的范围应大于且包含个人信息，从更好地规范个人数据流通与利用的角度出发，在概念界定时我们可以借鉴《中华人民共和国网络安全法》第七十六条对"网络数据"的规定及欧盟委员会对于个人数据的规定。《中华人民共和国网络安全法》第七十六条第一款第四项规定："网络数据，是指通过网络收集、存储、传输、处理和产生的各种电子数据。"欧盟委员会指出，匿名后的数据集也可能通过技术手段转化为个人数据或形成用户画像，此类数据即属于个人数据并根据欧盟《一般数据保护条例》（GDPR）进行保护，除此之外的数据则归属于非个人数据。①

① 参见宋建宝：《欧盟〈非个人数据自由流动条例〉概要》，载《人民法院报》2019年7月26日。

因此，本报告对个人数据作如下定义：个人数据为通过网络收集、存储、传输、处理和产生的各种与个人相关的数据，在相应的应用场景下，这种数据能够单独或者结合其他信息定位到特定个人，包括个人所制作发布的非带有个人特征的文字、视频、音乐、图像等单个数据以及存储于网络平台上经过匿名化处理后的整体数据，如对用户各种浏览、使用等行为予以记录或呈现的行为类使用数据。

（二）个人数据权益属性

个人数据在权利属性方面目前尚存有争议，其确权的利弊都十分突出，因而理论界与实务界倾向于根据对象所体现的价值给予不同属性的权益保护与规范。为了协调自然人的个人信息保护与信息的自由流动与利用的关系，我国民法典没有规定个人信息权，而是使用了“个人信息保护”的表述。尽管如此，从民法典对个人信息保护的相关规定可知，自然人对于个人信息享有的是民事权益而非权利。①

个人数据上所承载的权益主要包括人格权益和财产权益，这将成为现阶段探讨数据权益分配，以及规范数据收集、使用、交易等现实问题的核心。在人格权益方面，数据由个人产生，往往带有很强的个人身份属性，即使经过匿名化处理后，在某些特定的场景和技术下也能够指向相应的个体；在财产权益方面，客体作为一种法律上的财产需要具备三个积极要件：有用性、稀缺性和可控制性，数据同样如此。首先，从产业实践看，数据的商品化已经充分证明其具有使用价值和作为资源的稀缺性；其次，数据可被记录，进而使其可被控制和支配；最后，数据可无限复制，且复制不会减损其价值，这是数据有别于有形物的特征，也是数据交易、共享得以发展的基础。② 概括而言，个人数据蕴含着经济利益、人格利益以及社会公众的公共利益，相关数据持有者可以基于数

---

① 参见程啸：《我国民法典对隐私权和个人信息的保护》，载《人民法院报》2020 年 7 月 30 日。

② 参见彭云：《大数据环境下数据确权问题研究》，载《现代电信科技》2016 年第 5 期。

据的控制程度实现占有、使用、收益、处分等类似所有权的权能。例如《中关村数海大数据交易平台规则（征求意见版）》第十九条规定："本规则所称数据交易，是以货币换取数据的行为。"① 大数据具有重大的经济价值，其背后的财产权益属性给大数据的交易提供了有效的理论基础。

数据相较于其他有形财产而言，最大的特点就是其不具备损耗性，在理论上能够被无限地复制分享给其他人，因而数据的权益划分就需要扩展至数据流通的整个链条中。例如，为了规范数据活动，促进数据资源共享开放和全面深度开发利用，保护自然人、法人和非法人组织数据权利和其他合法权益，加快数据要素市场培育，促进数字经济高质量发展，深圳市于2021年7月6日通过《深圳经济特区数据条例》，其中规定了自然人、法人和非法人组织享有对特定数据的自主决定、控制、处理、收益和利益损害受偿等数据权益，这也是在国内首次提出"数据权益"保护。

（三）个人数据权益主体

在互联网市场与数字经济极其活跃的当下，数据流通与利用的链条被无限扩张，一条数据上往往承载着许多不同主体的劳动与参与，从数据创造者到数据收集者、存储者、挖掘者、分析者、分享者以及交易者等，各方主体皆可对其主张创造性价值，数据最初创造者的作用占比在此情况下就会被大量稀释，甚至被超越。

欧盟《一般数据保护条例》（GDPR）第四条主要将与个人数据利益相关的实体分成五类：数据主体（Data subject，DS）、服务提供商（Service provider，SP）、数据控制方（Data controller，DC）、数据处理

① 参见《中关村数海大数据交易平台规则》，载数海大数据网，http：//www. shuhaidata. com/doc，最后访问时间：2020年12月8日。

者（Data processor，DP）和第三方（Third party，TP）。[①]从当下的平台实践情况出发，数据权益主体主要分为数据创造者和数据处理者（包括数据控制者和数据使用者）两类；从市场与产业角度来看，可以划分为用户、平台以及第三方机构。其中，用户多为数据创造者，是个人数据产生的来源；平台及第三方机构多为数据处理者，收集并控制着海量的个人数据，通过对其进行清洗挖掘而获取商业价值。实践中，数据创造者并不实际创造个人数据，而是凭借提供服务来获取其他主体所拥有的个人数据，在对其进行商业挖掘的基础上扩大自身影响力，进而锁定其他主体，实现聚集效应。

三、个人数据权益竞争及场景化分析

在个人数据流通与利用的过程中，首先产生的是数据创造者与数据处理者之间的冲突。用户一方面想要保障其人格权益不受侵犯、财产权益得到保障，另一方面为了获得相应的服务而又不得不部分让渡其个人数据的处理权、加工权；[②] 平台和第三方机构为收集、处理和加工用户个人数据而支付了高昂的对价，并使得汇聚的个人数据产生了更高的价值，因而不希望用户将其对数据的控制延伸至自身利益范围内，同时为了使数据的价值变得更高而不断地收集更多的个人数据。其次，不同数据处理者之间的利益冲突同样无法避免。作为数字经济时代的核心资源之一，数据已成企业间的“兵家必争之地”，每个平台都希望获取更多而共享更少。此外，随着互联网商业模式的不断更新，平台都在朝着跨行业、跨地区方向发展，相关市场难以准确界定，平台的潜在竞争对手不断增加，这也使得各平台严格限制自身数据的流通共享。

对于当前个人数据流通利用过程中所出现的权益冲突，目前立法尚

---

① 参见杨佳润：《个人数据确权与管理生命周期理论研究》，载《现代信息科技》2020 年第 10 期。

② 参见王磊：《个人数据商业化利用法律问题研究》，中国社会科学出版社 2021 年版，第 71 页。

难以确定权属。从实践中来看，针对已经出现的纠纷案例，司法领域多倾向于运用反不正当竞争法和反垄断法的原则性条款进行类型化和要件化的考量，从而确定网络开放平台的数据权益归属。此外，我们可以看出，这些相关涉数据的纠纷通常涉及不同的个案场景，涉及不同数据类型（原始数据、衍生数据，公开数据、非公开数据，用户个人信息数据、用户内容数据等）、不同数据获取手段（爬虫抓取、API 接口[①]合作、破坏技术手段获取数据等）、不同数据使用方式（复制发布、加工开发商业化产品、内部分析使用等）、数据使用方不同的权益来源基础（获得用户授权、获得企业授权等）等多种情形。虽然法院最终都诉诸反不正当竞争法的原则性条款，但是每一个具体案例中法院所选取的依据不尽相同，分别考量了用户的三重授权、对协议的诚实信用、平台创新付出的汗水、第三方产品的实质替代性、社会公共利益以及整体产业发展等因素，对不同场景下不同类型的个人数据权益纠纷进行了个案化判断。

个人数据的价值主要在于其商业化利用。场景化的设置会激发个人数据的潜在价值，只有将个人数据置于一个现实的场景之中，才能有针对性地对数据进行分析，实现数据价值。无论是财产法、合同法还是侵权法，都不可能对平台之间的数据争议提供确定性的规则。相比而言，在具体场景中诉诸反不正当竞争法与行业惯例，进行个案化的判断，则可能进行较为合理的判断。[②]基于此，在评价数据的获取、使用行为是否具有不正当性时，应当进行场景化的判断，即应在个案中对数据类型、获取方式、使用方式、数据使用方是否有用户授权等基础情形加以区分。

---

① API 接口即 Application Programming Interface，也称应用程序接口，用于提供应用程序与开发人员基于某软件或硬件得以访问的一组例程，无需访问源码或理解内部工作机制的细节。不同的系统衔接和对接后，将获取对方系统的数据。

② 参见丁晓东：《论企业数据权益的法律保护——基于数据法律性质的分析》，载《法律科学（西北政法大学学报）》2020 年第 2 期。

（一）社交平台场景

社交平台场景中个人数据的收集、处理和交换一直是数据权益划分讨论的一个热点，社交平台场景中用户个人数据利益如何分配更是成为学界和实务中的讨论焦点。

1. 经同意和授权的数据交换

在社交场景下的个人数据利用场景中，非常典型的是由用户授权发起的在不同社交平台之间的个人数据获取和转移。例如，社交平台常常向注册账户的新用户提供以另一社交平台已存在的账户直接注册或登录的服务，在经用户同意和授权后，会调取该用户在另一社交平台中的昵称、头像等个人数据以完成新账户的注册和登录。

在以上数据交换场景中，需要处理的是平台、用户以及第三方机构之间的数据权益冲突。在调取昵称、头像等基本信息用以注册新账户的场景中，核心冲突是平台数据利益和个人数据权益的冲突。在用户授权转移个人数据的过程中，体现的实际上是用户对个人数据的“可携带权”。欧盟在《一般数据保护条例》（GDPR）中已经明确规定了数据可携带权，即数据主体有权以结构化、通用化和可机读的格式接收其向数据控制者提供的个人数据，并且有权将这些数据传输给另一个数据控制者。①然而，在考虑用户就个人数据的可携带权时，也不能忽略平台的数据控制权，因为个人数据不能脱离平台提供的技术而存在。在以上场景中，个人数据的形成在很大程度上依赖于平台技术的搜集和加工，如果没有平台提供的技术，用户提供的个人数据就无法在该种互联网场景下得以应用并产生数据价值。②因此，同样需要承认平台对于个人数据

---

① See General Data Protection Regulation, article 20: The data subject shall have the right to receive the personal data concerning him or her, which he or she has provided to a controller, in a structured, commonly used and machine - readable format and have the right to transmit those data to another controller without hindrance from the controller to which the personal data have been provide.

② 参见毛高杰：《论数据权分配规则的生成逻辑》，载《河北法学》2020 年第 12 期。

的形成具有一定的贡献，并应得到相应的权益。

在平台的数据控制权与用户个人数据权益博弈方面，当前的法律体系尚未对数据权益有明确的界定和划分，目前主要是通过在司法个案中根据一般法律原则对其进行处理。相较于企业的数据控制权，用户的个人数据权益因数据本身天然具有的人格属性而常常被认为具有更高的法律价值位阶。特别是对于上述昵称、头像等个人身份属性较为强烈的数据，因为平台对这些数据的产生并没有很大贡献，所以在平台和个人的数据权益冲突中后者往往更有正当性。[①]对此，平台在主张权益时往往诉诸反不正当竞争法，将焦点转移至与第三方平台之间的利益冲突。

在上述场景中，大部分第三方平台对数据的投入相对于原平台而言较少。在不同平台的数据权益冲突中，第三方平台是否会构成使用原平台的核心竞争性资产以及产生明显的替代性效果也是一个重要的考虑因素，[②]如果第三方平台在此中有市场竞争方面的“搭便车”行为，损害了原平台核心竞争优势，则其对原平台数据的获取和利用便是不正当的。

2. 第三方平台对公开数据的爬取

除了上述以用户为主导的不同平台间的数据交换，第三方平台未经用户和网络平台同意而爬取公开数据的行为也广受关注。用户在社交平台上公布的性别、教育背景、职业等个人信息属于个人主动公开的信息，常常成为第三方平台爬取的对象。且在社交平台上，用户也会发布一些关于购物、饮食或者出行等动态或信息，也会被第三方平台出于特定商业目的而收集并加以使用。在此场景中，最突出的是平台与第三方平台之间的数据利益冲突。一方面，平台对其上面的数据享有一定的控制权；但另一方面，这些数据已经发布于公开的网络空间，基于数据的

---

① 参见《社交软件场景下的数据利益分配规则》，载中国报道网，http：//www.chinareports.org.cn/djbd/2019/0311/8279.html，最后访问时间：2020 年 12 月 18 日。

② 参见《社交软件场景下的数据利益分配规则》，载中国报道网，http：//www.chinareports.org.cn/djbd/2019/0311/8279.html，最后访问时间：2020 年 12 月 18 日。

公共性，第三方平台也有权对其进行收集、分析和利用。那么，平台和第三方平台的权益边界该如何划定？

目前，我国司法主要是从第三方平台是否构成不正当竞争的角度考虑其行为的合法性。在目前的司法案例中，法院主要通过考察第三方平台在收集数据时是否侵害了平台的商业秘密或财产权益来判断其是否构成不正当竞争。因这些公开数据明显不具有秘密性而很难被确定为商业秘密，故在多数被认定为不正当竞争的案件中，第三方平台被认定为侵犯了平台对其开发的数据产品所享有的财产权益。然而，有学者提出，此种财产权益应是有边界的，过度保护平台的数据财产利益会不合理地限制数据在各平台之间的流通，极可能导致某些大平台的数据垄断，从而压制后来竞争者的发展与创新。①因此，主张平台对其数据完全排他的财产性利益不利于产业的良性发展。

在这种场景下，应充分考虑原平台与第三方平台对数据的投入创新成本，如果该数据是原平台收集的用户原始数据，平台除简单存储外并未付出其他处理成本，那么其对该部分数据的控制就不应是绝对的。如果第三方机构在获取该数据时同样付出了较多对价并对其进行了创新性处理，对原平台产生的替代效果也较小，则应对其进行合理的保护，在认定是否构成不正当竞争时应保持审慎的态度。

（二）电子商务场景

1. 定向营销或风险评估

在电子商务场景中，用户的搜索记录、浏览记录和购买记录等行为信息常常被企业收集并用以分析用户购物行为，从而对用户进行画像，评估其购物偏好或信用情况，并将这些信息用于对用户的定向营销或风险评估。而且，随着平台间的商业合作和数据交流的加深，个人在社交平台等非电子商务平台的数据也会通过数据交易或交换被关联的电子商

---

① 参见王燃：《论网络开放平台数据利益分配规则》，载《电子知识产权》2020 年第 8 期。

务平台获取，进一步用于更为及时和深入的用户画像。随着对于个人数据的收集和利用程度不断扩大和加深，电子商务平台与用户个人的数据权益的冲突也日益凸显。即便消费者在之前的交易中将个人数据提供给电子商务平台，平台也对这些数据进行了匿名化和脱敏处理，但是否能认为这些数据完全归属于企业？个人对这些数据可以在何种程度和范围内主张权益？

首先，用户的行为数据不应全然归属于企业。在目前的技术条件下，即便是已经匿名化和脱敏的用户数据，仍然有不可忽略的个人色彩。而且，这些信息一旦泄露，很有可能被利用技术手段去匿名化，从而给用户带来风险。因此，无论是从数据来源还是风险规制的角度考虑，用户对其行为数据都应享有一定的权益。但同时，不能过分限制电子商务平台收集和利用用户的行为数据，因为对用户行为数据的合理利用有助于推动商业发展。对于消费者和商家而言，用户画像辅助的商业营销减少了由于信息不对称而导致的交易成本，这特别有利于中小企业通过精准推荐产品破除大平台的流量垄断。

由上可见，对于电子商务平台利用用户行为数据的行为不能过度限制，但应重点考虑其中的个人数据风险问题。对此，有学者认为，[①]应当对不同阶段涉及的不同风险进行具体讨论：在信息收集阶段，要优先保障消费者的知情权和选择权，通过明确的告知保证对信息的收集和利用符合消费者的预期；而在信息分析和处理阶段，应当在保证数据收集合法的基础上允许企业进行用户画像以真正发挥数据的价值。

2. 与第三方的数据交互

出于不同的商业目的，电子商务平台在收集和处理用户的个人数据后向外部第三方共享数据，或如上文所述从第三方处获取数据以丰富用户画像。此场景下的数据交流由于是电子商务平台基于商业利益主动发

① 参见丁晓东：《用户画像、个性化推荐与个人信息保护》，载《环球法律评论》2019 第 5 期。

起，平台双方的利益冲突往往可以通过商业手段解决，目前争议最大的仍然是平台与用户之间的权益冲突。[①] 在冲突中，最受关注的仍然是数据使用中可能导致的个人信息安全问题。因为在该场景的信息交互下，往往会涉及数据的不同场景运用，这往往会超出用户最初向平台提交个人信息时的使用场景预期。

由此，在电商平台与第三方的数据交互中，需要着重考虑保护用户的个人数据和个人信息安全。在需要跨场景利用数据时，电商平台应基于不同的场景，分析共享情形可能产生的不同风险和义务，并对用户进行相关的提示和征求同意。而且，在本平台履行应有的谨慎管理义务的同时，也要确保和监督与之交易的第三方平台同样有足够的数据安保能力和尊重用户的授权范围。

（三）物联网场景

1. “新零售”场景

在“新零售”的背景下，众多互联网巨头纷纷以互联网技术连通线上网络和线下门店，搭建以零售为中心的互联网，重构零售业的供应链。有学者认为，“新零售”是以消费者为中心，通过互联网技术有机结合线上线下，改善消费环境和物流，进而提升用户体验。[②]在这种销售模式下，企业为了优化服务，也会大量收集和分析客户信息。比如，电商会追踪并记录用户完整的行为轨迹，不仅记录其在线上的浏览和购买情况，也会记录线下门店中关联用户的消费行为，以此对用户的行为特征与偏好进行分析和统计，进而优化各门店的供货和物流配置。在该情境中，不同于上文对电子商务平台的用户画像的讨论，“新零售”场景中的数据权益冲突更要关注在线下门店中进行的数据收集和使用

① 参见《新型电商的数据合规路径》，载中伦律师事务所网站，http：//www. zhonglun. com/Content/2020/12 - 04/1350366308. html，最后访问时间：2020 年 12 月 18 日。

② 参见赵树梅、徐晓红：《“新零售”的含义、模式及发展路径》，载《中国流通经济》2017 年第 5 期。

行为。

首先，线下门店在收集个人数据时要尽到充分的提醒义务，以保障消费者的知情权和选择权。比如，目前有的门店开始收集和使用消费者的生物识别信息，而在此过程中常常没有征求消费者的明确同意。其次，与其他领域类似，零售门店中收集的生物识别信息面临被滥用的风险，对此，企业在收集和使用消费者的生物识别信息的同时要明确告知其信息的使用范围，并对用户数据尽到应有的管理和保护义务。最后，在新零售线上线下连通的场景中，向用户明确告知信息的使用范围尤为重要，特别是涉及线下收集的数据是否会流入其他线上业务场景或者被用于数据交互。

2. 车联网场景

车联网是物联网应用的典型例子。车联网将互联网和大数据技术应用于汽车的生产、销售和售后服务等环节，使汽车行业总体呈现出网络化和自动化趋势。在此发展中，车联网需要不断收集车辆、用户甚至路面的信息和动态数据，也因此面对复杂的数据权益问题。车联网的数据生态牵涉了复杂的参与主体，主要包括车主、驾驶人、搭乘人等个人数据主体和第三方服务主体、车联网运营者、汽车制造商等数据处理者。[①] 车联网场景下的数据权益冲突问题与新零售场景类似，主要是作为线下端口的车辆在收集信息时如何尊重数据主体的权益。

首先，车联网运营商要充分保障有关数据主体的知情权和选择权，在收集数据之前尽到充分的告知义务，并特别注意将数据收集和储存控制在最小的必要范围。比如，目前一些打车软件出于安全保障目的会在车内安装摄像和录音设备，其在车内收集信息之前应对乘客有及时和明确的告知，且出于保障隐私的原则，应向乘客提供屏蔽信息收集的选项。其次，车辆本身和车载其他器件收集的数据可能归属于不同的数据

---

① 参见吴卫明：《车联网的网络及数据合规问题研究》，载《〈上海法学研究〉集刊（2019年第13卷 总第13卷）——上海市法学会互联网司法研究小组论文集》2019年版。

控制方，并在后期会通过数据交互用于其他场景或者目的，这也需要对数据主体尽到充分的告知义务。

（四）医疗场景

随着医疗信息化的推进和健康医疗大数据的发展，医疗场景中的个人数据应用也饱受关注。[①]医疗数据的应用场景主要分为三种：药品和医疗器械的研发和监督决策、公共卫生决策、疾病发生机制与发展规律等临床研究。

患者作为医疗大数据的提供者，如果大数据持有者在搜集、储存这些数据时，不只是将提供者视为纯然的工具对待，而是出于尊重的目的，患者自身的权益自然不能被忽视。医院方可以说是中介身份，作为公共卫生管理部门搜集患者医疗数据的中介方，医院方向患者收取医疗服务费用的同时向公共卫生管理部门申报相关医疗服务费用。此外，学术研究单位及产业研究单位虽然同样是需要通过加值付费的方式取得医疗大数据进行研究，但是所产出的研究成果是否应无偿或合理地回馈给管理部门、社会和个人，是在讨论利益分享伦理争议时最关键的症结点。

四、美欧规制情况

（一）美国

在美国传统数据立法的思路中，对数据财产权益并不重视，对于个人数据，以往多是通过扩大隐私权的解释范围来变通处理。但是，目前随着数据挖掘技术的不断研发与应用，数据财产利益越发受到重视，如何在立法上确认与保护财产利益成为美国越发关注的课题。

---

① 参见刘立、刘智勇：《我国健康医疗大数据应用发展模式分析》，载《智慧健康》2020年第23期。

目前，美国仍未建立起综合全面的“个人数据保护法”，而是采用判例以及部门立法的方式规制个人数据的保护与流通，[①]表现为依据各种立法宗旨分别定义个人数据概念，但是其核心本质都是围绕“个人确认信息”而演变。[②]在立法形式上，美国采用分散与宽松立法，即采取公共领域与私营行业区分的立法模式，[③] 在电信、金融、健康、教育以及儿童在线隐私等领域都有专门的数据和隐私保护立法。

关于数据的权益诉求，美国将焦点投向数据控制者对数据的控制权和用户的隐私权，如2020年1月1日正式实施的《加州消费者隐私保护法》（California Consumer Privacy Act，以下简称CCPA）以及华盛顿州、纽约州、新泽西州、伊利诺伊州等州相继提出的《华盛顿隐私法案》、伊利诺伊州HB2871号提案等。具体而言，原则上征引现有法案中关于个人隐私侵权的相关规定，以此解决信息主体在法律上的定位以及相关利益诉求，并以此为界限确定信息主体与数据控制者的行为边界，如前述法案对GPS数据、数据泄露通知、数据经纪人登记制度乃至更为综合的数据主体权利作出了不同程度的规定。这反映了美国对数据公共化的倾向。“数据流动的公共利益如果不是超越数据生产的私有权利，那么至少也等同重要，故美国沿袭传统的行业自治与竞争法规则，采用较弱的财产权利对数据财产利益加以规制。”[④] 例如，在金融和信用信息领域，通过“opt—out”（选择退出）方式，鼓励金融集团对个人信用信息的共享；在医疗数据领域，不断完善《健康保险流通与责任法案》（HIPPA），明确向第三方提供医疗信息的安全标准，建

---

① 参见石佳友：《网络环境下的个人信息保护立法》，载《苏州大学学报》2012年第6期。

② 参见梅夏英、刘明：《大数据时代下的个人信息范围界定》，载《社会治理法治前沿年刊》2013年刊。

③ 参见王融：《欧美个人信息保护政策的分歧与妥协以及对我国的启示》，载《现代电信科技》2014年第10期。

④ See Gorssmann C, Goolsby A W, Olsen L A. “Clinical Data as the Basic Staple of Health Learning: Creating and Protecting a Public Good: Workshop Summary”. Washington DC: National Academies Press (US), 2010, pp. 1 – 338.

立适应数字医疗产业发展需求的制度环境。[①]

后随着互联网技术的发展，美国个人信息保护开始难以适应时代的发展要求。为了保持其在数字经济发展中的领先地位，占据互联网市场，并促进数据经济在全球化的继续拓展，美国对于数据财产权益的诉求开始变得强烈，并且在司法实践中逐渐认识到，若想保持数据经济的持续发展，对于个人信息不能定性为一种绝对性隐私权加以保护，否则将严重阻碍数据技术的发展，进而与数据经济发展规律相悖，由此，应该将隐私权规则适度变通。这种变化主要表现在：

第一，赋予信息主体以数据自决权。美国法通常是将个人信息纳入隐私权的保护范围，[②]而隐私权是一种消极的防御性权利。个人信息不同于隐私权的方面主要在于其具有一种自决利用的功能，个人信息自决权是指每个信息主体都有权决定是否将其个人信息交付并提供给他人、社会组织或国家机关利用的权利，这是一种前置性的积极预防保护措施。在网络环境中，数据控制者收集、利用个人信息成为一种必然，如果对个人信息一味地以传统隐私权功能加以保护，则网络活动无法开展，故由信息主体决定是否提供个人信息。在商业实践中，数据控制者通常在提供网络服务时，会附加用户协议、服务条款或隐私保护协议，将信息主体同意作为个人获取服务的必需条件，以此作为收集个人信息的合法性依据，即知情同意原则。美国最终认可个人信息自决功能，并较早确立了知情同意原则。[③]

第二，弱化隐私权保护范围与侵权标准。在传统隐私侵权中，侵权行为通常需要具备“高度侵犯性”与“隐蔽性”。根据敏感性标准，个人信息分为绝对隐私的个人信息、敏感个人信息与一般个人信息，对于敏感个人信息与一般个人信息的收集与利用，大多数信息主体并不知

① 参见李慧敏、陈光：《论数据驱动创新与个人信息保护的冲突与平衡——基于对日本医疗数据规制经验的考察》，载《政策与管理研究》2020 年第 9 期。

② 参见张黎：《大数据视角下数据权的体系建构研究》，载《学术论坛》2020 年第 4 期。

③ 参见龙卫球：《数据新型财产权构建及其体系研究》，载《政法论坛》2017 年第 4 期。

情，这种情况似乎也并不能够对个人造成“高度侵犯”的困扰，结果也不能认定为隐私侵权。隐私一般具有隐蔽性，即个人应该保有一个不被他人侵扰而享受私密生活的空间。而个人信息存在于网络中本身就具有公开性，随着互联网技术的发展，个人信息的范围也在不断地拓展，个人信息的应用成为大势所趋，如若将个人信息绝对地以传统隐私权作为保护的基础，将为数据控制者收集和利用数据带来困难。

（二）欧盟

欧盟对个人数据的保护利用规制起步较早，始于20世纪80年代。1981年，欧洲理事会发布的《关于个人数据自动化处理的个人保护公约》（又被称为108号公约），被认为是最重要的个人信息保护的国际公约性法律文件。欧盟第一部有关个人数据保护的法律是1995年的《关于个人数据处理保护与自由流动指令》（下文简称95指令），95指令是《一般数据保护条例》（GDPR）的前身，包含了《一般数据保护条例》（GDPR）中的个人数据保护基本原则、访问权等内容，[①]但由于属于指令，故而欧盟成员国的执法机关无法直接使用，只能依据该指令颁布国内法。

在对个人数据流通利用的规制上，欧盟采用了二分法的进路，将匿名化处理后的个人数据界定为“非个人数据”，进而分别对“个人数据”和“匿名化数据（又称非个人数据）”设置条件不同的保护与流通规则。[②]《一般数据保护条例》（GDPR）与《非个人数据自由流动框架条例》是目前欧盟数据保护规则体系的两大基石。[③]前者针对“个人数据”（Personal Data），后者适用于“非个人数据”（Non－personal Data）。

---

① 参见95/46/EC Directive of Personal Data Protection, article 2.

② 参见张晨原：《数据匿名化处理的法律规制》，载《重庆邮电大学学报（社会科学版）》2017年第6期。

③ 参见陈子朝：《非可识别个人数据流通法律规则的理论构建》，载《网络空间安全》2020年第7期。

从《一般数据保护条例》（GDPR）的角度来看，其更加注重对个人数据生产者权利的保护，将个人的人格尊严提升至较高的层面，因而其采用的是赋权与行为规制并存的模式（混合模式）。它的出发点是对人格尊严的维护，其主旨在于："保护自然人的基本权利和自由，尤其是自然人的个人数据保护权。"在第三章中，立法者赋予了数据主体多项基于人格权而产生的权利，包括知情权、访问权、更正权、删除权、限制处理权、可携带权等。[①]以上权利极大地提升了数据主体对数据的控制权，但对数据控制者、数据处理者的权利未做充分且明确的规定，也没有确立个人数据具有财产性权利（益），对数据开发者行使个人数据上的财产权益造成了种种限制。[②]

此外，为了进一步提高匿名化的门槛，将更多的数据纳入个人数据范围加以保护，[③]《一般数据保护条例》（GDPR）引入了假名化的概念：以该方式处理个人数据，使得在不使用附加信息的情况下，个人数据无法指向特定数据主体，但前提是此类附加信息应单独保存，并受技术和组织措施的约束，以确保个人数据不会指向已识别或可识别的自然人。[④]同时，《一般数据保护条例》（GDPR）序言中明确指出，假名化后的数据无法单独识别到具体数据主体，但仍属于个人数据的范畴。假名化规范更加抽象和宽泛地定义了个人数据的覆盖范围，与其最大限度保护人格利益的立法宗旨相一致。

因此，《一般数据保护条例》（GDPR）对个人数据财产权益的保护是十分欠缺的，对数据主体赋予多项权利的同时间接地对数据的自由流

---

① See Peter Rott, "Data protection law as consumer law – How consumer organisations can contribute to the enforcement of data protection law", Journal of European Consumer and Market Law, 2017, 6 (03), pp. 113 – 119.

② 参见《欧洲数据产权初探》，载安全内参网，https://www.secrss.com/articles/4101，最后访问时间：2020年12月8日。

③ See Ira Rubinstein & Woodrow Hartzog, "Anonymization and Risk", Washington Law Review, Vol 2, 2016, pp. 703 – 706.

④ 参见王融：《数据匿名化的法律规制》，载《信息通信技术》2016年第4期。

通造成了阻碍，这也就导致了欧洲的数据产业相对于我国以及美国都是比较落后的。

对于匿名化后的“非个人数据”，欧盟为其设置了相对较为宽松的流通利用规则。与个人数据相比，非个人数据的流通无需经用户同意，且无需保证用户在个人数据流通过程中享有的各项权利。《非个人数据自由流动框架条例》为促进非个人数据的流通设立了三项规则：第一，保障非个人数据的跨境自由流动；第二，加强政府监管；第三，鼓励数据流通行业标准的设立。但是，随着技术的不断发展，越来越多的匿名化数据在经过处理后被证明同样能够识别到特定个体，匿名化标准沦为“马奇诺防线”，不仅在实践中难以真正实现，还会导致一些数据控制者借助劣质的匿名化逃避法律责任，加大了数据流通中个人隐私损害的风险。

近年来，有感于欧洲大陆互联网经济的落后与本土大型数字企业的缺失，基于促进数据流通和发挥数据效益、为数据经济创造良好环境的初衷，欧盟开始采取措施促进个人数据的流通利用，赋予个人数据非专有性，并借此打击海外互联网巨头平台以扶持本土企业的崛起，多家企业先后因数据垄断而遭受处罚和反垄断调查。2020 年 2 月 19 日，欧委会发布的《欧盟数据战略》指出，支持个人在使用中小企业产生的数据方面行使其权利，提高《一般数据保护条例》（GDPR）第 20 条数据可移植条款的适用。此外，考虑制定个人数据应用程序提供商或个人数据空间提供商等新型数据中介机构的规则，确保它们发挥中立经纪人的作用。[①]2020 年 11 月 25 日，《欧洲数据治理条例》出台，指出要加强面向企业、私人部门的数据共享，解决数据资源分散、企业获取困难、敏感信息共享方式不明确等问题。[②]

① 参见魏凯、闫树：《美欧发布数据战略对我国的启示》，载《信息通信技术与政策》2020 年第 4 期。

② 参见李舒沁、王灏晨：《欧洲数据战略对数据共享问题的应对与启示》，载《中国经贸导刊（中）》2020 年第 8 期。

2020年12月15日，欧盟委员会公布了《数字市场法案（草案）》，旨在增强欧盟数字单一市场的竞争活力与创新能力，缓解大型在线平台及其用户之间的权利不平衡，保障以平台数据流动与共享为目的的平台互操作性，推动平台用户在多个平台跳转和选择。根据《数字市场法案（草案）》提议的事前监管框架的黑名单与白名单做法，除非数据可供活跃在同一商业活动中的其他在线平台访问，否则大型在线平台将被禁止使用在其平台上收集的数据。政府授权的数据访问除了向竞争者开放以外，也建议向政府部门、研究人员、第三方审计人员开放，保证数据价值的开发与公平使用。根据该法案，担任“守门人”的大型在线平台须遵守以下规则：（1）不能阻止第三方卖家访问“守门人”收集的关于客户的重要信息；（2）不能限制其他平台方访问或采用其在使用大型在线平台时提供、接收或生成的数据；（3）必须采取适当的必要步骤，增强数据的可移植性或增强互操作性，从而使得其平台的企业用户和消费者能够同样使用其他平台。

五、个人数据权益竞争之正当性边界

大数据的经济价值激发了企业数据应用需求。从利益角度出发，平台希望单独且尽可能多地控制数据权益，从而为企业的数据处理活动赢得法律支持，最大限度地减少来自外界的干预。但同时，没有一个平台能够获得所有的数据，更没有力量能够对所有的数据进行开发利用。因此，数据的流通是必要的，无论是平台还是第三方机构都希望能够获取他人已收集和开发的个人数据，从而节省资金、技术以及时间成本。从美国与欧盟近年来的规制趋势来看，二者都在逐步推动数据的共享与流通，以促进本土互联网企业和经济的大发展，增强国际博弈能力。在美国的相关案例中①，法官正是通过用户设置其内容可被公众查看，分析

---

① See HiQ Labs, Inc. v. LinkedIn Corp., No. 17-16783, 2019 WL 4251889 (9th Cir. Sept. 9, 2019).

得出用户期望公开的资料被搜索、挖掘、汇总、分析，进而认为如果授予私人实体全面的权力，使其可以基于任何理由阻止查看者获取其网站的公开信息并以 CFAA 的制裁作为支持，这可能会对公众言论以及互联网承诺的信息自由流动产生严重威胁。最后，在个人数据流通利用链条中最重要但最弱势的用户群体权益不可忽视，其人格权益须充分保障，个人隐私得到严格保护。在这一点上，欧盟的做法值得部分借鉴，如《一般数据保护条例》（GDPR）所规定的数据可携带权，其对个人数据所承载人格权益的保护达到了极致，但也给平台企业课以了沉重的义务与责任，这种较为极端的做法应加以取舍地吸收借鉴。

从平衡创业创新和权益保护出发，一方面，用户数据的共享、交易行为应当得到用户的知情同意和授权，平台和第三方机构所拥有的整体数据资源应当享有竞争权益，得到反不正当竞争法的合理保护；另一方面，要促进和保障个人数据的流通共享，针对公开数据和单一的用户数据，应审慎地予以具体分析，避免课以过重的限制条件而阻碍数据价值的挖掘，在合理利用的前提下平衡各方权益。

（一）个案限缩使用原则

我国当前的立法未设立数据权，也未对个人数据的财产性权益归属做出明确规定，学术界对于是否设权保护数据也尚无定论。因而，法院多根据反不正当竞争法的原则性条款进行网络开放平台数据利益归属的分析判断。①

但是，个人数据的流通与利用须放到具体的场景之中，其权益归属的判断也需要根据不同的数据性质、利用方式、协议条款以及实质损害等因素具体决定，不能所有案件套用一套标准解决，这正是场景化构建

---

① 参见邓灵斌、余玲：《大数据时代数据共享与知识产权保护的冲突与协调》，载《法律研究》2019 年第 1 期。

的价值所在。如在此前的司法案例[1]中确立的三重授权原则，系针对第三方应用通过开放平台获取用户信息时应遵循的原则，该规则的适用须限定在网络开放平台（Open API）[2] 获取数据的情形下，而不扩展适用于任何数据爬取情形。反观现实中，很多法院皆以此为标杆，在未具体分析场景和技术的情况下就简单地套用三重授权原则，可能会给产业的发展造成不利影响。

因此，三重授权原则在脱离了特定案件之后是否具有普适性是值得质疑的，该原则要求数据接收者在接收数据时既要获得数据提供方企业的同意，同时也要获得用户的同意，这种宽泛的“三种授权”原则，未妥善考虑到已经取得用户同意，将个人数据从网络开放平台迁移到第三方平台的行为是否需要取得企业的许可，为数据控制者和接收者施加过多的负担，不利于数据的自由流通及数据价值的发掘，因此在理论界颇有争议。[3]正如前文所述社交平台场景，用户之所以同意和授权其个人数据向第三方机构迁移，是为了获得更加便利的服务，从而节省自身的时间和精力等资源，但如果这一操作的完成与否还要取决于网络平台的限制，有违公平原则。因为法律对自然人的个人信息予以保护，本质上是保护其人格利益，包括人的尊严和自由，保护的是自然人对自己的个人信息进行支配的权益，不应该受到网络开放平台的限制。[4]

同时，不同的个案中用户所授权使用的数据不尽相同，被爬取平台的参与程度也不尽相同，这将极大地影响第三方机构获取数据的正当性。用户将数据提供给平台是为了获取一定的服务，并不代表允许其对

---

① 北京知识产权法院（2016）京73民终588号民事判决书，载裁判文书网，https：//wenshu. court. gov. cn/website/wenshu/181107ANFZ0BXSK4/index. html？ docId = 49854fde619a47d7b772a71d000fcf00，最后访问时间：2022年2月10日。

② Open API是指开放平台把网站的服务封装成一系列计算机易识别的数据接口开放出去，供第三方开发者使用的行为，使得网站不仅能提供对Web网页的简单访问，还可以进行复杂的数据交互，因而第三方开发者可以基于这些已经存在的、公开的Web网站开发丰富多彩的应用。

③ 参见陈子朝：《非可识别个人数据流通法律规则的理论构建》，载《网络空间安全》2020年第7期。

④ 参见张新宝：《〈民法总则〉个人信息保护条文研究》，载《中外法学》2019年第1期。

自己的数据加以挖掘和利用，更不一定意味着允许平台获得对自身数据的控制权。如果平台对用户提供的数据未做任何处理而仅仅进行了存储，在此基础上设置完全的排他性，拒绝提供给其他平台，则显然不符合反不正当竞争法的精神；如果平台在用户的授权范围内对数据进行了加工处理，且该处理行为由平台付出了一定对价并具有创新性，则三重授权具备了合理的基础。

此外，对于公开数据是否需要三重授权才可以被合法使用，在美国的相关案件中也得到了不同的回答。法院更加强调公共利益，如果计算机未施加访问限制，人人得以访问，那么访问者并不需要许可或验证，最终法院做出了有利于爬取方的判决。[①] 对于公开数据而言，如果获取后并未公开使用，并不存在对数据持有方平台的实质性替代的可能性，因而不会导致市场激励机制的失灵。且当前阶段，数据作为发展的关键性因素之一，其如能在本产业不同主体之间流动，必然有助于提升整个产业发展水准与良性生态，从整体经济和社会效益的角度来说，未采取技术措施保护的公开数据可以不受限制地进行获取，并用于内部分析和指导决策，方可实现整体经济社会效益的最大化。

（二）利益平衡原则

个人数据的流通利用过程中所涉及的利益包括四个方面：用户利益、平台利益、第三方机构利益以及社会公共利益。互联网产业发展固然需要信息共享和互联互通，但也要兼顾各方的利益。如何在司法实践层面上平衡各主体数据权益之间的关系，已成为当下审理网络不正当竞争纠纷案件的突出问题。

用户是个人数据的生产者，其上附着的不仅仅是数据的财产性权益，更为重要的是用户的人格性权益，数据主体之所以希望控制自身个

---

① See HiQ Labs, Inc. v. LinkedIn Corp., No. 17 - 16783, 2019 WL 4251889 (9th Cir. Sept. 9, 2019).

人数据的流向和用途，首先是为了保护自身人格利益不受侵犯。随着互联网技术的发展，因收集、处理、使用个人数据而侵犯数据主体私生活秘密，或侵扰数据主体私生活安宁的威胁大大增强，数据主体的隐私保护需求更加强烈。在社交场景下的个人数据权益纠纷中，法院一般认为，第三方应用开发者在与原平台的合作结束后，未经用户同意而继续获取并使用用户头像、名称、教育信息、职业信息、标签信息等数据，侵犯了用户的隐私权、知情权和选择权。

个人数据只有形成海量的数据库和数据束才能真正发挥大数据的价值和作用，这一汇聚集合的过程往往由平台或第三方机构来完成。网络开放平台通过先占优势，在行业发展的初期利用技术和服务锁定了大量的用户，沉淀了海量的数据，支付了高额的对价。同时，对数据的挖掘和分析往往意味着平台投入了大量的创新因素，如分析技术的提升、市场调查的开展、商业模式的颠覆等，经处理后的数据不仅附着了平台的资金投入，更蕴含了大量的无形资产，因而数据已经成为企业的竞争优势和核心资产。[①] 在另一起平台间的不正当竞争纠纷[②]中，二审法院认为，该第三方平台通过搜索技术抓取并大量而全面地展示来自原数据平台的信息已经超过必要的限度，因为这种行为已经实质替代了原数据平台的相关服务，它欲实现的积极效果与原数据平台所受的损失并不符合利益平衡的原则。在某电商公司诉某数据分析公司案[③]中，法院认可了该电商公司对其数据分析产品享有的财产性权益，即认为该数据产品中的数据内容虽来源于原始用户的数据信息，但经该电商公司深度开发后，其上承载的价值早已不可同日而语。

---

① 参见刁云芸：《涉数据不正当竞争行为的法律规制》，载《知识产权》2019 年第 12 期。

② 上海知识产权法院（2016）沪 73 民终 242 号民事判决书，载裁判文书网，https：//wenshu. court. gov. cn/website/wenshu/181107ANFZ0BXSK4/index. html？ docId = 41dbc2267514473886a6a-7f90124a13c，最后访问时间：2022 年 2 月 10 日。

③ 杭州铁路运输法院（2017）浙 8601 民初 4034 号民事判决书，载裁判文书网，https：//wenshu. court. gov. cn/website/wenshu/181107ANFZ0BXSK4/index. html？ docId = 52bffab9fe774da69d5aab0-200a272f0，最后访问时间：2022 年 2 月 10 日。

如果第三方平台对于网络开放平台中的数据进行创新性的利用，使数据产生了新的功能和效果，创造出新的数据利用模式和商业模式，对于数据抓取行为的正当性可以持较为宽容的态度。[①]如果一味地维护被抓取方的数据权益，则很容易扼杀第三方平台的创新积极性，也会进一步加固被抓取方的数据城墙，阻碍数据的流通共享，使其形成封闭产业生态，造成数据垄断和一家独大的现象，扼制中小平台的发展。长远来看，此类现象必将不利于市场竞争的繁荣，进而影响整体产业的发展，减少社会公众的选择机会，减损社会公共利益。

因此，应始终坚持审慎包容的态度，以促进创新竞争和有利于消费者的长远利益为指引，在网络平台、数据用户和同行业竞争者之间予以利益平衡。在给予网络平台方权益保护的同时，也对其权益范围加以必要限制，以防止其滥用私权力限制用户信息权益，形成数据垄断。

首先，对于网络平台中的单个原始数据，如用户发布的内容数据、用户的头像昵称等，该部分数据只是平台的原始数据，并非其所产生的衍生数据。由于网络资源具有“共享”的特质，单一用户数据权益的归属并非谁控制、谁享有，应突出强调用户信息提供者的控制权与使用许可权，不应过分维护网络平台方的控制权。从数据创立主体考量，原始数据只是用户信息转换为电子符号的外在形式，数据采集主体在此过程中虽付出了一定的劳动，但并未提供创造性劳动成果，过分强调网络平台方对于原始数据的控制权，不仅会阻碍网络用户信息权益的实现，造成相关主体间权利义务关系的失衡，同时易形成数据垄断，阻碍数据信息的流通。故数据采集、控制主体只能依其与用户的约定享有原始数据的有限使用权，使用他人控制的用户数据只要不违反“合法、正当、必要、不过度、征得用户同意”的原则，一般不应被认定为侵权行为。擅自使用他人控制的数据是否构成侵权，重点在于审查其是否征得了用户同意，数据控制者不能仅因其他网络经营者擅自使用了其控制的数

① 参见王燃：《论网络开放平台数据利益分配规则》，载《电子知识产权》2020年第8期。

据，径行主张求偿权。

其次，对于网络平台方的整体数据权益，应突出强调对数据资源竞争性权益的保护。巨量单个原始数据聚合在一起所形成的一定规模的数据资源，能够给大数据分析提供必要的样本，给网络平台经营者带来开发数据衍生产品获取增值利润的机会空间。网络平台享有数据权益的基础不在于其对数据的采集而在于数据资源的汇聚与应用。如果第三方平台对于网络开放平台数据的抓取行为给网络开放平台带来了不合理的市场替代效果，以至于影响了投资积极性，那么用户和第三方平台应向其支付公平对价。①

最后，擅自使用他人控制的数据资源是否构成不正当竞争，应重点考察是否属于破坏性利用。网络经济是共生经济，网络平台所掌握的数据资源更多地具有开放性与共享性，如果其他经营者“搭便车”式地利用了网络企业所掌握的数据资源开展经营活动，只要不是对他人数据资源破坏性利用或有违法律规定，且能够给消费者带来全新的体验，一般不应被认定为不正当竞争。但如果其行为导致平台核心数据泄露，损害平台商业利益，严重影响平台正常运营的，即应界定为严重损害竞争秩序和平台权益的不正当竞争行为。

（三）诚实信用与商业道德原则

法律保护的客体除权益外，还有未经法律确认、但经社会公序良俗及诚实信用原则认可的法益，竞争法律制度确立的最初目的就在于保护民事主体的合法权益不因其他竞争者违反商业道德和诚实信用的行为而受到侵害。我国反不正当竞争法第二条第一款规定，经营者在生产经营活动中，应当遵循自愿、平等、公平、诚信的原则，遵守法律和商业道德。经营者在市场交易活动中应保持善意、诚实、恪守信用，在市场经

---

① 参见包晓丽、熊丙万：《通讯录中的社会关系资本——关于数据权属的一个研究范式》，载《中国法律评论》2020 年第 2 期。

营活动中任何企图不通过自己的诚实劳动，而是采取不正当的手段获得他人创造的有利条件的行为，都是与反不正当竞争法规定的诚实信用原则相悖的不正当的市场交易行为。在个案中，法院常依据反不正当竞争法第二条对那些未被具体列举、但又对竞争秩序有着极大破坏力的行为进行调整，这一原则性条款在司法实践中被广泛应用，围绕个人数据展开的市场竞争行为有可能会因为违反商业道德或诚信原则而落入反不正当竞争法第二条的规制范围，对平台之间个人数据权益纠纷的解决具有现实指导意义。例如，在社交场景下对用户头像、名称、教育信息、职业信息、标签信息等数据流通利用，第三方平台通过网络开放平台（Open API）合作开发模式获取并使用用户数据应当充分尊重用户的隐私权、知情权和选择权，应当诚实守信，遵守《开发者协议》约定的内容，在运用技术获取数据信息时应以诚信为本。在此前的司法案例[①]中，第三方公司在未付出劳动和资金成本的情况下爬取原数据平台的数据资源，反而挤占了原数据平台产品的市场，违背了约定俗成的商业道德，属于“搭便车”的不正当竞争行为，违反了诚实信用原则和遵守商业道德原则。

我国反不正当竞争法实施时间较早，已经在实践中积累了丰富的经验，在没有其他法律法规能够对数据权益纠纷进行合理解决的空白期，诚实信用原则和商业道德原则能够对数据权益这一新兴法律问题在现有的法律框架内进行较为完善的说理论证并提供较为及时合理的法律保护。但应引起我们足够重视的是，诚实信用原则和商业道德原则终究只是反不正当竞争法中的原则性条款，在个人数据权益纠纷中也只能在明确的条款与规则缺位的情况下作为基本原则使用。作为基本原则，其适用范围和判断标准并不明确，在实践中存在较大的裁量空间，需要法官在充分了解掌握案情的基础上做出合理抉择。此外，诚实信用原则与商

---

① 杭州铁路运输法院（2017）浙8601民初4034号民事判决书，载裁判文书网，https：//wenshu. court. gov. cn/website/wenshu/181107ANFZ0BXSK4/index. html? docId=52bffab9fe774da69d5aab0200a272f0，最后访问时间：2022年2月10日。

业道德原则多适用于平台之间，用以规制具有法人资格的市场主体，而作为数据生产者的用户为自然人，在实践中则较少采用反不正当竞争的原则和条款予以规制。

（四）知情同意与合理使用原则

平台经济若要获得可持续的繁荣发展，既要鼓励个人数据应用方面的创新，又要注重个人数据的合理保护。在个人数据的流通利用方面，网络平台的合规运营不仅需要各平台之间的开放共享与合法授权，更需要保障用户的知情权、选择权和隐私权，在个人数据主体权益与数据开发者权益的动态平衡中实现个人数据保护与流通利用。

目前，我国消费者权益保护法、网络安全法等法律法规都对网络用户等消费者个人信息保护提出了明确的要求。国家标准化委员会于2013年开始实施《信息安全技术 公共及商用服务信息系统个人信息保护指南》。该指南针对个人数据的处理规定了目的明确、个人同意、公开告知、最少够用、安全保障、质量保证、诚信履行和责任明确八项原则。《信息安全技术 个人信息安全规范》规定了目的明确原则、权责一致原则、选择同意原则、公开透明原则、最小必要原则、确保安全原则、主体参与原则七项原则。其中，知情同意是个人数据流通利用过程中最重要的原则之一，任何一项权利的行使和维权都离不开主体的参与，作为个人数据的产生者，数据主体参与个人数据的处理是理所当然的，它是产业链条得以合理合法运行的逻辑起点，是对个人数据进行一切处理的正当性基础。

随着公众对个人数据保护意识的提高以及相关法规的完善，网络平台普遍建立了个人数据收集使用的事前征询机制，用户在使用某项服务时可以选择是否接受平台对其个人数据的收集处理。但是，从实践情况来看，目前的“知情同意”机制还仅仅停留在“同意”层面，在“知情”层面收效甚微。平台提供的协议条款冗长，用词专业且晦涩，用户难以完整且清晰地阅读，对其约定的权利义务更是不知所云。同时，大部分平台的知情同意协议是在用户注册或首次登录时弹出，仅具有一次选择的权利而非分步骤分环节的征询，给用户的“知情”带来了巨大的难度。此外，从实践来看，一旦用户不同意该协议条款，平台即不提供相应的服务，这使得用户只能被迫“同意”。换言之，即使能够实现用户个人同意，但很多时候在获取同意的过程中并没有充分披露使用的目的和后续的处理原则，用户只能“知情同意”平台对个人数据的收集环节，而对平台加工处理个人数据的过程和行为一无所知，更遑论同意。

在知情同意原则的完善上，首先，在收集环节应探索更加合理有效的通知方式，最小化收集个人数据，如收集不同的数据时分别单独询问，并尽量通过浅显易懂的方式向用户进行说明；[①]其次，数据主体应充分知晓其数据的去向，了解平台对其个人数据所要采取的加工处理行为，如个人数据收集或处理者的身份、行为方式、行为目的以及权益分配等；再次，个人数据主体有权向数据处理者查询其个人数据处理情况，对涉及个人隐私等数据有权要求查阅；最后，个人数据被收集后，数据主体有权要求数据收集者或者数据处理者对个人数据进行适当的修改、删除。

从域外经验来看，美国与欧盟一直在不断地强化数据主体的知情同意原则，不断提升个人数据处理的透明度标准。欧盟《一般数据保护条例》（GDPR）与美国《消费者隐私权利法案（草案）》同样高度重视用户对其个人信息的控制权利，却运用了迥异的路径。[②]欧盟在不断提高用户知情同意标准的同时，设立了非可识别个人数据的流通规则，用户的个人数据经过脱敏匿名化处理后即可转换为非可识别个人数据，此类数据在流通规则上较为宽松，保障了数据的有效共享。美国引入了

---

① 参见张新宝：《“普遍免费 + 个别付费”：个人信息保护的一个新思维》，载《比较法研究》2018 年第 5 期。

② 参见范为：《大数据时代个人信息保护的路径重构》，载《环球法律评论》2016 年第 5 期。

场景理论对数据主体的同意进行宽泛化的处理，降低了数据开发者的成本，其第103条（b）款规定：当个人信息处理行为不合理时，机构需要评估所产生的隐私风险，并采取相应的降低风险手段，包括但不限于提供增强性的披露及用户控制机制，当机构处理行为在相应场景中合理时，无需经过用户同意或满足其他要件而自动获得合法性授权。虽然数据主体可能就某些“合理的情景”的判定与数据开发者产生分歧，但是这在广泛意义上确实减少了很多不必要的成本，总体来看对数据主体及开发者都是有益的。

从欧盟与美国经验来看，在充分保障数据主体知情同意的前提下，为促进数据流通和产业发展，对个人数据进行一定程度的合理使用是必要且合理的。其立法逻辑起点是促进数据产业发展，侧重为数据开发应用提供宽松制度环境，而对个人信息的保护也需考虑技术进步、创新及企业所能承担的责任限度，不应对数据自由流通和利用造成实质性阻碍，因此倾向于“数据流通”模式。①

个人数据虽由用户产生，但并不同于个人隐私而具有绝对的排他性。大数据时代下，个人数据作为交流和表达的工具，不再仅限于私益，具有流动和共享属性，还体现了社会公共属性。例如，在社交场景下，姓名和电话号码就属于特殊的个人信息，当数据主体披露其电话号码时，目的是建立社会交往，对其在社会一定范围内的传播和流通具有合理期待。当社交关系的一方选择向社交平台的运营者提供其现实或者在其他虚拟场景下的人际关系以实现社交关系的互联网化时，对于平台而言，其获取该种社交关系即具有合法性、正当性基础，这就使得二者具有社会属性，其控制和占有不应被绝对化。即使上升到通讯录层面，就通讯录的性质而言，通讯录与每个自然人具体的姓名、电话号码不同，体现的是整体的信息，应当作为一个整体来考虑，通讯录中所记载

---

① 参见周辉、孟兆平、敖重淼等：《网络环境下消费者数据的隐私保护——在全球数字经济背景下保护隐私和促进创新的政策框架》，载《网络法律评论》2013年第14期。

内容的所有权应当属于通讯录所有人，平台只要在符合用户隐私期待的范围内获得充分许可，用户即对此有合理预期，无需取得通讯录所有人以及每一位联系人的双重授权。在电子商务场景下，买家的评论以及订单数据是根据商品信息、卖家磋商以及平台技术而产生和呈现的，而非完全由买家独立完成，因而其控制权应由买卖双方共同所有，平台和卖家为了促进交易的达成和完成对商品的介绍，将部分涉及卖家的个人数据展现在平台之上，则应属于合理使用的范围；在医疗场景下，医疗数据是敏感私密的个人数据，毋庸置疑需要强化对个人医疗数据隐私相关权利的保护，但隐私权的保护不应以抹杀信息价值为代价。① 在一些国家和地区的判例中，行政机关虽然未经当事人同意就将个人医疗信息纳入“健康保险研究资料库”，但是法院采信了“收集并利用原告医疗健康信息，是为了改善公共医疗服务”的抗辩理由，支持了行政机关的做法。②

（五）数据安全原则

在个人数据流通利用的过程中，数据安全是不容忽略的关键问题，系统对接、数据传输、数据存储等环节都极易产生安全风险，③ 数据泄露、黑客攻击、过度爬取以及数据黑产现象层出不穷，不仅会严重侵犯个人数据主体的人格性权益，给用户带来极大困扰，更会如同“野蛮人”一样破坏平台生态，损害平台竞争性权益，扰乱市场秩序。

首先，在数据漏洞方面。数据漏洞会造成个人数据的大规模泄露，其原因主要包括两方面，即系统原生漏洞（bug）和黑客攻击，其中黑客攻击是数据泄露的最主要原因。2018 年 1 月，印度存有 10 亿公民身

---

① 参见李慧敏、陈光：《论数据驱动创新与个人信息保护的冲突与平衡——基于对日本医疗数据规制经验的考察》，载《政策与管理研究》2020 年第 9 期。

② 参见《大数据时代个人信息的公共属性》，载《民主与法制时报》2020 年 8 月 2 日。

③ 参见丁道勤：《数据交易相关法律问题研究》，载《信息安全与通信保密》2016 年第 10 期。

份的数据库Aadhaar被黑客攻击，公民姓名、电话、邮箱、指纹、虹膜等个人数据被泄露。[①] 显然，由于个人数据中包含大量可识别的个人信息，且即使数据经过匿名化处理，黑客通过相应技术及结合其他数据同样有可能恢复其可识别性，因而用户极易遭到垃圾邮件、网络钓鱼的侵扰。这还仅仅是个人数据泄露所引起的初级后果，如果遭泄露的个人数据被不法分子深度分析挖掘，则会进入数据黑产链条，直至被榨干所有价值。随着数据价值的提升，以数据交易、数据清洗、数据分析为核心的数据黑色产业链逐渐完善，诈骗、骚扰、劫持流量、精准营销、身份认证、盗刷银行卡、非法套现等违法犯罪活动肆意滋生。同时，由于个人数据的大规模泄露，平台将面临舆论压力，丧失用户信任，其产品和市场都将受到严重影响。因此，近年来我国立法逐渐赋予平台以保障数据安全的义务，一旦个人数据泄露造成严重后果，平台将要承担相应的责任，如《中华人民共和国网络安全法》第十条、第二十一条、第二十五条、第三十一条、第四十二条第一款规定了平台负有防止个人数据泄露和网络攻击的义务，第五十九条、第六十条以及第六十四条规定了平台未履行义务所应承担的法律责任。《中华人民共和国数据安全法》第二十一条、第二十九条也对防止数据漏洞的义务与措施作出了规定。

其次，在过度爬取方面。随着以深度学习、神经网络为代表的人工智能技术不断更新迭代，网络爬虫技术突飞猛进，大批量、多线程、低时延的智能爬取已经成为可能，50%以上的互联网流量都由爬虫贡献，某些热门网页的爬虫访问量甚至已经占据了总访问量的90%以上，网络爬虫已经成为平台企业获取个人数据的重要方式之一。[②]由于网络爬虫的高效性与便捷性，过度爬取现象屡禁不止。为了获取更多的利益，

---

① See Komal Gupta, "UIDAI denies any breach of Aadhaar database", https://cis - indiaSee Komal Gupta, "UIDAI denies any breach of Aadhaar database", https://cis - india. org/internet - governance/news/livemint - komal - gupta - january - 7 - 2018 - uidai - denies - any - breach - of - aadhaar - database, 2022 - 2 - 10. org/internet - governance/news/livemint - komal - gupta - january - 7 - 2018 - uidai - denies - any - breach - of - aadhaar - database, 2022 - 2 - 10.

② 参见张莉：《数据治理与数据安全》，人民邮电出版社2019年版，第117页。

爬取方绕过 Robots 协议，置被爬取方利益和公共利益于不顾，增加被爬取站点的负荷而使其瘫痪，未经授权获取个人数据而损害平台竞争性权益，未经主体同意处理个人数据而侵犯其人格性权益，这类搭便车的行为严重地破坏了市场秩序，造成了恶性竞争，不利于个人数据权益的合理划分。在某不正当竞争纠纷案中，法院认为：公交实时类信息数据具备无形财产的属性，属于应当受反不正当竞争法保护的法益。未经权利人许可，利用网络爬虫技术进入权利人的服务器后台的方式，非法获取并无偿使用权利人的实时公交信息数据的行为，构成不正当竞争。在司法实践中，法院倾向认为互联网中第三方应用通过开放平台例如 Open API 模式获取用户信息时，应坚持“用户授权” + “平台授权” + “用户授权”的三重授权原则，未经用户同意和平台授权，获取并使用用户的职业信息、教育信息的行为构成不正当竞争。

综上，无论是平台还是第三方机构，在个人数据流通利用的各个环节中都要始终坚持安全性原则，对于已收集存储的个人数据应做好保护措施，建立完善系统的保护体系，防止个人数据泄露，抵御个人数据被攻击和窃取，在发生安全事故后应及时向主管部门和数据主体披露相关情况，并承担相应的责任；对于网络爬虫等个人数据收集行为，应做好数据性质识别，限定个人数据的利用场景，避免无序利用而侵犯数据主体合法权益。此外，在爬取前应与被爬取方签订相关协议，明确约定爬取的时间、数量、范围、性质以及用途等，保障被爬取方的正当权益。

六、小结和展望

随着互联网经济的进一步繁荣，数据在整体社会发展中日趋重要，其所引发的法律与社会问题将会有增无减，回避与无视这一新兴事物的发展则是有弊无利。

在未来的个人数据治理体系中，首先应明确个人数据的财产性权益属性，为其流通链条的展开提供基础。个人数据权益的确立与划分是一系列规制手段的逻辑起点，围绕这一点而展开的规制范围扩张、主体分类、场景化讨论以及规制路径选择都将形成值得深入研究的命题。

个人数据的流通利用关系到互联网经济的发展，关系网络社会下各方群体的切身利益，应在利益平衡中实现有效规制与引导。目前来看，无论是国内的典型案例，还是美国与欧盟的现有规范与司法争议，其纠纷场景与主体都是发生在不同的网络平台之中，因而从反不正当竞争的角度切入是当下最优的选择。但是，我国在该路径下的裁判依据也仅仅是宏观且单一的原则性条款，且只能用以规范平台等法人之间的纠纷，参考已有对于用户等自然人与法人之间的纠纷则无法适用。因此，未来还需在参考已有经验的基础上，厘清个人数据与非个人数据以及隐私之间的关系，划定清晰的规制边界，在利益平衡、诚实信用、商业道德以及数据安全的基础上，限缩个案经验的复制推广，进一步丰富反不正当竞争规制手段并与其他部门法相结合，探寻个人数据合理、有效的流通利用的可循之径。

观点精选①

（一）个人数据和个人信息的权益划分

如何界定数据的法律属性，对司法审判具有重要意义。尤其是国内“大数据产品第一案”②、“公共数据第一案”③、“微信数据第一

① 受2021年4月18日举办的“大治论坛：全球互联网法律观察（2020—2021）”分论坛一“网络平台个人数据流通与利用”中专家、学者的发言启发，本节内容由研究团队会后重新梳理、补充而成。在此对与会专家、学者的专业意见表示感谢，详见本书“致谢”部分。

② 《全国首例大数据产品不正当竞争案宣判 某宝诉侵权获赔200万元》，载人民法院报网，http：//rmfyb. chinacourt. org/paper/html/2018 - 08/18/content_ 142523. htm? div = -1，最后访问时间：2022年3月4日。另可参见浙江省杭州市中级人民法院（2018）浙01民终7312号民事判决书，载裁判文书网，https：//wenshu. court. gov. cn/website/wenshu/181107ANFZ0BXSK4/index. html? docId =42144396b7e-84876aa3bac0500aca27c，最后访问时间：2022年2月10日。

③ 《首例公共数据不正当竞争案宣判“××”胜诉》，载中国法院网，https：//www. chinacourt. org/article/detail/2020/04/id/5156372. shtml，最后访问时间：2022年3月4日。另可参见杭州铁路运输法院（2019）浙8601民初1594号民事判决书，载裁判文书网，https：//wenshu. court. gov. cn/website/wenshu/181107ANFZ0BXSK4/index. html? docId = a1fe1578eb534b48a9c9abd8005e14ed，最后访问时间：2022年2月10日。

案”[①]、全国首例民事个人信息公益诉讼案[②]等各类和数据相关案件的频发，更凸显这一实践需求。那么，首先需要明确个人数据和个人信息的内涵不同，且前者大于后者，二者应该分开进行不同的规制和保护。尤其是当一些非指向个人的数据，如痕迹数据、标签数据这些数据并不带有个人识别性，可以作为个人数据来进行规制。

具体而言，应当厘清各类数据之间的关系，尤其是明晰哪些属于法律范围内的数据，应当如何保护。如原始数据、用户数据、平台数据（电商平台数据、社交平台数据）、衍生数据、数据产品、数据服务、公开数据、商业数据这些数据中，网络用户提供于网络运营者的单一数据、信息表现为孤立、碎片化的信息内容，本身并无价值，尚不具备独立的财产性权益，但应赋予网络用户享有知情权、删除权等多项权能；网络运营者对于原始网络数据亦并不享有独立的财产权或知识产权，但可依其与网络用户的约定享有使用权，依此形成的衍生数据（平台数据）带来的商业利益和竞争优势受反不正当竞争法保护。

（二）个人数据权益之保护路径

1. 以数据为客体赋予财产性保护

就我国现行民法典第一百二十七条所涉个人数据保护的内容，应当做狭义阐释，即平台数据（或称商业数据）才可以被赋予财产性保护。例如，在大数据产品案件中，法官在梳理案情时很容易就会发现，原始

① 《首例涉微信数据权益认定不正当竞争案宣判》，载中国法院网，https：//www.chinacourt.org/article/detail/2020/06/id/5264431.shtml，最后访问时间：2022年3月4日。另可参见浙江省杭州市中级人民法院（2020）浙01民终5889号民事判决书，载裁判文书网，https：//wenshu.court.gov.cn/website/wenshu/181107ANFZ0BXSK4/index.html? docId = 3b9d84755b2045d9b274-ac4400a08bfc，最后访问时间：2022年2月10日。

② 《首例适用民法典案件宣判——个人信息保护立法在路上》，载中国法院网，https：//www.chinacourt.org/article/detail/2021/01/id/5716743.shtml，最后访问时间：2022年3月4日。另可参见杭州互联网法院（2020）浙0192民初10605号民事判决书，载中华人民共和国最高人民检察院官网，https：//www.spp.gov.cn/spp/zdgz/202101/t20210117_506683.shtml，最后访问时间：2022年2月10日。

数据因其碎片化和孤立性的特点并不具有任何商业价值，只有平台通过对用户个人账号、个人头像等数据进行收集、汇总进而形成作为整体而言的平台数据，再经过人工智能和算法的大量处理才能形成数据产品，并进一步被赋予财产性保护。这样的保护模式与学界大多数财产权说观点契合，但这种给数据以财产性保护的方式实际上就是将数据作为客体保护，其自身容易面临一个很大的困境，即数据如何识别？财产权要求客体具备具体可识别的特征，因而能否识别、如何识别数据等问题关系到数据的下游保护能否实现。数据时代，每个人每时每刻都在产生数据、使用数据，数据识别的成本极大，因此能否做到数据的可识别尚有待考量。如果数据无法识别、无法公示，加之其还具有无法控制、价值密度低等特点，继续以数据作为客体来进行制度保护设计将陷入无解之地。

2. 通过代码空间实现个人数据的二元规制

如上所述，数据作为客体直接保护，会因无法识别、无法公开出现悖论，因而可寻求通过保护承载数据的介质——“代码空间”的方式来保护个人数据。通俗来说，“代码空间”就是在网络环境下通过代码（技术手段）形成的封闭空间，数据收集者、处理者将数据存储在服务器上，实际上是利用技术手段将数据（或数据库）存储在封闭空间中，这就是“代码空间”。通过代码空间可以实现数据识别、占有、标识，更为重要的是可以实现数据所有权的初始归属判定。因此，一言以蔽之，代码空间的归属就是数据的归属，这种路径能够保护数据收集者、处理者的权益。但是，这并不意味着实现对代码空间的控制就能对数据为所欲为，代码空间只解决数据（或数据库）的归属，这与合理使用并不矛盾。例如，电商平台中所有的消费记录、用户痕迹数据等归属于平台方，但所产生的个人信息是用户的，用户可以采取防御式保护。

3. 个人数据流通利用的合法性审查

诚然，无论是依据电子商务法、网络安全法还是民法典中的规定，个人数据的收集、使用需遵循正当、合法、必要、最低限度、知情同意等原则，并明确收集、使用数据的目的、方式、范围以获得用户默认同意，如此谓之正当合法。但在实践中，法院在对个人数据处理行为进行合法性审查时，这样一个看似合理、实用的原则——正当合法原则，会因标准不明晰导致用户同意“被架空”，各地法院审判中也存在差异。因此，可以尝试通过区分所涉个人信息是否具有直接可识别性的特征，在实践中采取二重授权或三重授权模式规范个人数据的处理行为，如所涉个人信息具有强直接可识别性，则采取“用户—平台—用户”的三重授权，相反则采取“用户＋平台”的双重授权模式。

此外，在“公共数据第一案”[①] 中，法院首次确立了公共数据使用的四大基本原则，厘清了对公共数据合法使用的边界，对收集公共数据的大数据企业设定了基本的注意义务，即数据来源合法原则（来源于依法公开的数据，不得采集法律法规禁止的数据）、注重信息时效原则（数据更新的及时性、数据变动时间的准确性）、保障信息质量原则（真实、准确、完整）、敏感信息效验原则（非敏感数据事后纠错，敏感数据交叉验证）。这样的审判思路是否能得到理论界与实务界的认可尚待时间检验，但至少为司法实践在此领域提供了一种解决方案。

4. 个人数据权益纠纷的司法解决路径

当前对于数据的救济，主要有五种路径：通过著作权保护、通过商业秘密保护、通过公益诉讼保护以及人格权保护模式和反不正当竞争保护模式。其中，对于数据保护的司法救济，尤其以平台数据保护为例，多倾向于通过反不正当竞争法第二条兜底性条款来保护。该条的适用条件为：（1）可受保护之权益为尚未类型化之法益；（2）经营者之合法权益确实受到了实际损害；（3）竞争行为具有不正当性或可归责性，通常违反了诚实信用原则和商业道德。但是，互联网领域的发展有赖于自由竞争和技术与商业模式的创新，基于促进数据流通与数字经济共生

① 杭州铁路运输法院（2019）浙8601民初1594号民事判决书，载裁判文书网，https：//wenshu. court. gov. cn/website/wenshu/181107ANFZ0BXSK4/index. html？docId＝a1fe1578eb534b48a9c9abd8005e14ed，最后访问时间：2022年2月10日。

式发展的考虑，部分法院在不正当竞争行为的判定与反不正当竞争法条款的适用上确立了司法谦抑的原则，但自由竞争应当以不侵害他人合法权益为边界，任何人不能以自由竞争和创新为名任意干涉他人的技术产品或服务，实施丛林法则。

因而，数据不正当竞争行为的司法审查要件为：（1）数据收集者就特定数据享有合法权益；（2）实施了侵害数据权益的行为（如破坏、干扰、非法获取）；（3）造成了损害后果（如经济损失、流量损失、竞争优势或商业利益的损害、给市场竞争秩序或及消费者利益损害，构成实质性替代关系）。

5. 企业数据合规管理

对于企业而言，数据合规带来了诸多挑战。首先，法规繁杂，行业标准不统一，加之国际组织在数据合规的要求与国内规范未必兼容，导致企业在国内外进行商业运作时需要适用不同的数据保护规则。其次，企业在数据合规中的身份定位不明晰，企业作为数据合规的执行者（遵循者）与数据处理者积极进行数据合规的内在动力（数据合规价值）不明确。最后，企业的合规成本、商业运营效率与用户数据（个人信息）保护需求，在政府与行业监管要求不断提高的背景下应当如何平衡尚需探讨。

上述这些问题的解决需要从整体到局部的企业数据合规管理。首先，应当根据企业所在的行业领域，对数据合规进行包含行业标准在内的国内、国际划分，并对企业所涉数据按照不同类型进行分类管理，如产品数据、身份数据、经营数据等。其次，将数据合规嵌入整个企业合规，作为其中一个分类，使之与企业运营理念、公司管理架构衔接，将数据合规与企业运行管理融为一体。再次，从流程角度出发，进行合规战略的制订，考虑合规成本和运营效率的平衡，识别企业合规偏好，把合规要求嵌入整个战略，即从系统层面将代码的编制、修订以及其他需求的提出测试上线，通过内部控制、风险管理、内审、外审以及辅助性的逻辑保障整个流程的设计和执行有效性，通过培训宣贯整个体系文化建设。最终使整个体系实时更新，能够随着外部监管要求的变化而不断变化内部组织架构，形成动态闭环。最后，利用风险管理逻辑，将数据合规要求转化为业务人员能够理解的语言并嵌入日常的工作流程与产品逻辑，有效识别各项合规要求与相关职责。

第二部分

网络游戏直播知识产权问题研究

一、引言

网络游戏直播知识产权问题所涉范围甚广，其涵摄网络游戏直播画面法律属性争议、网络游戏直播游戏画面行为是否构成合理使用、游戏规则是否具有可版权性、网络游戏诉讼中行为保全的适用、网络游戏开发商对游戏作品控制力能否延伸至下游直播市场、网络游戏直播中各方利益如何划分等问题。实务界、学术界就有关问题多次展开专业研讨会，以期厘清以上诸多问题中的混沌之处。但迄今为止，就以上的诸多问题均未形成共识。

本部分在剖析游戏直播行业上下游市场格局背景下，以网络游戏产业发展利益与游戏直播利益平衡为基础，选择网络游戏直播涉著作权合理使用问题、网络游戏案件中诉讼保全问题和网络游戏直播中的反垄断问题三个视角进行重点观察并综述分析。

二、整体观察

近十年来，网络游戏行业逐步成为我国文化娱乐行业的重要领域，游戏市场收入增长规模显著，2020 年第一季度我国游戏市场实际销售收入为 732.0 亿元，环比增长 25.2%，用户规模达到 6.5 亿人。[①]

（一）我国游戏产业链已趋完整

目前，我国游戏产业各环节分工正在逐步清晰，权责边界正逐步明朗，从游戏开发者向游戏发行商（运营商）授权运行游戏开始，到已经细分为手游、端游、主机游戏的游戏分发环节，均形成了多个经营主体并存竞争的产业环境。再到游戏开发、发行环节，游戏版号的发放在 2020 年得到了严格的控制，使得游戏正版化得以保障。同时，配以流

① 数据来源于 360 智慧商业：《中国游戏行业观察报告》，载 360 营销学院网，http://yingxiao.360.cn/Uploads/202008/25/ue_1598324654841109.pdf，最后访问时间：2021 年 11 月 25 日。

畅的支付平台，玩家成为游戏产业末端的接收者和消费者，并逐步分散出游戏直播、电子竞技、游戏分享社区的末端产业。产业链已经逐步趋于完善（如图2－1）。

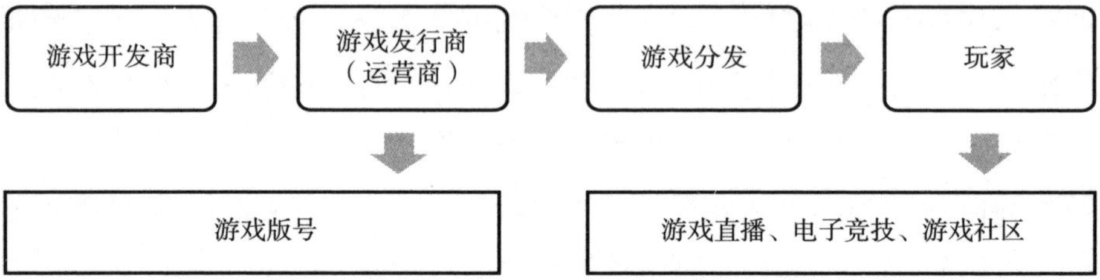

图2－1　游戏产业链

就目前而言，我国网络游戏开发商已经形成较为完整的规模，根据CN10排行榜技术研究部门和CNPP品牌数据研究部门的统计，[①] 我国网络游戏开发商中位于前列的公司包括腾讯游戏、网易游戏、完美世界、金山逍遥Xoyo、盛趣游戏、空中网、世纪天成、畅游、巨人游戏、蜗牛游戏等。[②] 同时，游戏开发商正在逐步实现与游戏发行商身份角色的二重合并，并在市场中能够更加有效地占据由开发游戏带来的经济利益。各大游戏运营商都在加快游戏市场布局，游戏产业链整体趋于完整。在市场监管的规律下，游戏运营商通过探索游戏的新玩法、新种类，满足产业链末端消费者需求，使得游戏产业链往更加成熟的方向发展。

（二）游戏直播市场正逐步成为独立的新兴市场

游戏直播产生于移动互联网技术和用户生成内容的高度融合，是科

---

① CN10/CNPP品牌数据部门主动收录研究得出的品牌信息资料库，以及信用指数以及几十项数据统计计算系统生成的行业大数据库，并以企业实力、品牌荣誉、网络投票、网民口碑打分、企业在行业内的排名情况、企业获得的荣誉及奖励情况等为基础，通过特定的计算机模型对广泛的数据资源进行采集分析研究，综合了多家机构媒体和网站排行数据，经人工智能和品牌研究员专业测评，根据市场和参数条件变化计算机程序汇编生成显示在网站上，只有在行业出名、具有规模、影响力、经济实力的企业在才会被系统收录并在网站上面展示出现。

② 参见《2021年网游运营商十大品牌榜中榜》，载Maigoo品牌榜网站，https://www.maigoo.com/maigoo/542net_index.html.，最后访问时间：2021年2月10日。

技发展对个人生活表达的具体体现。2019 年我国游戏直播市场快速增长，独立游戏直播平台市场规模超过 200 亿元，其中虎牙直播 2019 年总营收同比增长 79.6%，斗鱼直播总营收同比增长 99.3%，特别是在 2020 年 10 月，斗鱼和虎牙宣布合并后，斗鱼成为虎牙全资子公司，促进了市场整体战略价值的飙升，预计在 2021 年整体市场规模将扩张至近 400 亿元。总体来看，游戏直播平台市场规模的快速增长来源于两方面：一方面，成本的控制等拉动平台盈利能力持续提升；另一方面，平台付费用户规模的增长及直播带货、云游戏、付费直播等新业务拓展带动整体市场快速扩张。①

2019 年直播业务收入仍是我国独立游戏直播平台最重要的收入来源，占整体收入的 93.5%。随着各平台云游戏、直播带货等新型业务在 2020 年的起步与快速发展，游戏直播平台的收入来源将愈加多元化，直播业务的收入占比会逐渐下降。②

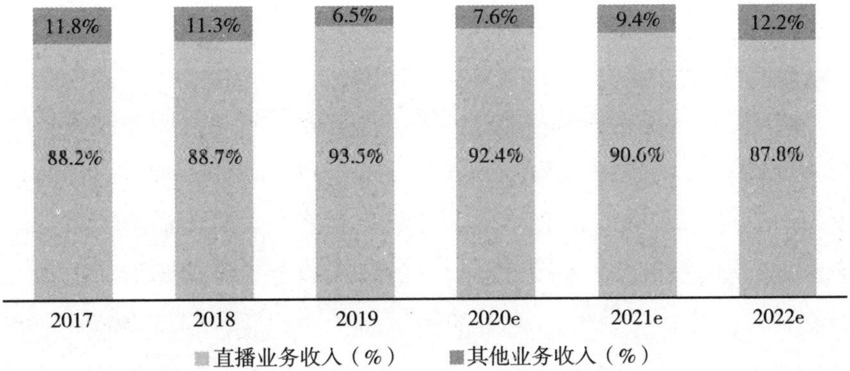

图 2－2

图表来源于《2020 年中国游戏直播行业研究报告》

网络游戏直播的素材主要来源于对游戏的具体操作，游戏直播画面

① 数据来源于《2020 年中国游戏直播行业研究报告》，载艾瑞网，http：//report.iresearch.cn/report_ pdf.aspx？id＝3625，最后访问时间：2021 年 11 月 25 日。

② 数据来源于《2020 年中国游戏直播行业研究报告》，载艾瑞网，http：//report.iresearch.cn/report_ pdf.aspx？id＝3625，最后访问时间：2021 年 11 月 25 日。

的形成也高度依赖操作者对游戏画面的操作控制，所以游戏直播实质上无法脱离对游戏的版权内容的依附。但是，从当前游戏直播具体实践来看，大量的直播主不仅仅是单纯地展现网络游戏操作画面，会更多地与观看直播的观众进行多维度的沟通和交流，如增加解说、评论，甚至采用同框游戏比拼的方式增加网络游戏直播的观赏性和吸引性，极大地促进了直播内容的传播和推广。游戏直播主已经逐步开始形成具有个性化的游戏直播内容，极具内容 IP 扩散效应，成为直播内容的生产者，游戏直播市场也逐步与网络游戏市场形成较为清晰的界限。其与网络游戏市场紧密相连，又独具特色，正在逐步形成一个与游戏市场不同的新兴市场。游戏直播的社会价值正以其围绕主播直播为中心的表演形成独具特色的市场交易模式，与网络游戏的上下游市场的划分也逐渐明显。

三、重点观察之一：网络游戏直播画面的法律性质认定问题

（一）问题简述

网络游戏直播画面涉及的著作权问题错综复杂，我国学术界和实务界对该问题的讨论相当激烈，呈现出百家争鸣之态势。游戏直播画面不同于游戏整体动态画面，前者是指游戏画面进行实时传播所形成的连续动态画面，既包括游戏运行过程中自身呈现的游戏整体画面，也包括在游戏整体画面基础上添加、融合的其他表达；而后者则是指游戏运行时终端屏幕上呈现的一系列有伴音或无伴音的游戏画面的集合或整体画面。[①] 但无论是游戏直播画面的定性，还是游戏整体动态画面的定性，归根结底讨论的是在现行著作权法框架下能否将其定性为作品以及归属问题。

---

① 广东省高级人民法院（2018）粤民终 137 号民事判决书。该案件公开及相关情况参见陈虹伶、陈中山：《“梦幻西游”网络游戏直播侵权案二审维持原判》，载《人民法院报》2019 年 12 月 27 日，http：//rmfyb. chinacourt. org/paper/html/2019 - 12/27/content_ 163825. htm？ div = - 1，最后访问时间：2022 年 2 月 10 日。

在我国现行著作权法框架下，作品类型法定意味着法官无权在个案中超越著作权法第三条和著作权法实施条例第二条的规定创设新的作品类型。[①] 以游戏直播画面为典型的众多新形式智力成果可否作为一类作品被涵摄到现行著作权法规定的作品类型中去，是理论界和实务界一直以来密切关注和激烈讨论的问题。2020 年修订的著作权法将现行著作权法作品类型中的“电影作品和以类似摄制电影的方法创作的作品”修改为“视听作品”，并将兜底条款修改为“符合作品特征的其他智力成果”。这一修改或对以上问题的解答产生积极影响。

（二）核心争议点

游戏直播画面法律性质的争议主要在于以下两点。其一，游戏直播画面是否属于作品？其二，游戏直播画面属于何种类型的作品或制品？

关于第一个争议点，有学者认为网络游戏直播画面可以构成作品，但不同网络游戏直播画面的独创性程度有所差异。[②] 有学者主张直播画面中的个性化内容（如玩家间互动、主播解说游戏或观众点评等）与游戏画面结合后对外传播，体现了游戏用户的独创性贡献，是著作权法意义上的演绎作品。[③] 也有学者持反对观点，认为视听作品需要达到一定的艺术水平才能成为作品，其要求程度较高。一般来讲，基于同款游戏操作出的不同游戏直播画面大同小异，其创造性空间十分有限，游戏玩家在游戏操作过程中，并未产生新作品，[④] 这同样也是“梦幻西游

---

① 参见陈锦川：《法院可以创设新类型作品吗?》，载《中国版权》2018 年第 3 期。

② 参见冯晓青：《网络游戏直播画面的作品属性及其相关著作权问题研究》，载《知识产权》2017 年第 1 期。

③ 参见崔国斌：《认真对待游戏著作权》，载《知识产权》2016 年第 2 期。

④ 参见张志伟：《论网络游戏直播的法律属性及其利益平衡》，载《甘肃政法学院学报》2019 年第 2 期。

案”的终审裁判观点。[①] 另有一些学者对游戏直播画面进行了类型化分析。例如，有学者对游戏直播画面进行了“三分”：仅针对游戏画面进行的网络游戏直播是单纯对游戏画面的客观记录，直播内容除了游戏画面没有其他元素，是对游戏画面的复制和再现，不构成作品；而如果玩家在游戏画面基础上仅仅添加了一些简单元素，但不具有独创性，也不能构成作品；但如果游戏画面通过专业直播平台进行直播，如电竞比赛或自行利用专业平台进行直播，则或可构成作品或录制品。[②] 也有学者进行了“二分”：将游戏直播画面划分为自行录制下的网络游戏直播画面和电子竞技下网络游戏赛事直播画面，但均认为两种类型的画面均不应作为作品来保护。[③] 可见，学者对于网络游戏直播画面可否构成作品的论证方法和结论并不一致。

关于第二个争议点，即游戏直播画面属于何种类型的作品或制品，学界依旧没有达成一致意见。有学者认为，如果电子游戏通过专业平台进行直播可以构成类电影作品（即以类似摄制电影的方法创作的作品），那么至少也可以构成录像制品，因为这类直播画面与综艺节目相仿，符合类电影作品的要求；[④] 即使添加的内容过于简单而导致不具备独创性，但由于专业直播平台投入了人员、技术、设备和资金，可以作为录像制品受到邻接权保护。[⑤] 反对观点认为，网络游戏开发设计所形成的网络游戏画面可通过类电影作品进行保护，如将大型电子竞技游戏直播画面也作为类电影作品保护，将会引起权利冲突。可行的办法是作

---

① 广东省高级人民法院（2018）粤民终 137 号民事判决书。该案件公开及相关情况参见陈虹伶、陈中山：《“梦幻西游”网络游戏直播侵权案二审维持原判》，载《人民法院报》2019 年 12 月 27 日，http：//rmfyb. chinacourt. org/paper/html/2019 - 12/27/content_ 163825. htm？ div = - 1，最后访问时间：2022 年 2 月 10 日。

② 参见焦和平：《网络游戏在线直播画面的作品属性再研究》，载《当代法学》2018 年第 5 期。

③ 参见李明：《网络游戏直播中的著作权问题——以网络游戏画面的权利定性与归属展开》，载《学习与实践》2017 年第 6 期。

④ 参见祝建军：《网络游戏直播的著作权问题研究》，载《知识产权》2017 年第 1 期。

⑤ 参见焦和平：《网络游戏在线直播画面的作品属性再研究》，载《当代法学》2018 年第 5 期。

为录像制品予以保护，即赛事主办方拥有大型电子竞技游戏直播画面的录像制品权。[①] 也有学者指出，游戏直播画面符合类电影作品的本质属性，但将其归入现行著作权法难以“对号入座”，即它没有被事先“摄制”在一定介质上，而是事先由网络游戏开发者设计计算机程序并通过网络游戏的玩家调用而得以显现出来。[②] 而审理“梦幻西游案”的法官则认为，若因为某个要件不符合类电影作品则排除其作品属性无异于因噎废食。[③] 不难看出，理论界和实务界在这一问题上亦尚未达成共识。

（三）域外情况

域外关于游戏直播画面法律性质认定的研究较少。有学者认为，如美国的 SternElectronic v. Kaufman 案[④]、Midway Mfg. Co. v. Arctic Intern. Inc. 案[⑤]，还有日本的 K. K. Namco v. Suishin Kogyo K. K. 案[⑥]，这些案例中的法官都将网络游戏画面作为游戏软件作品的一部分来保护。国外的司法判决并没有严格区分游戏画面和游戏直播画面，用游戏画面涵盖了游戏直播画面，回避了游戏直播画面法律性质这一理论问题。因此，国外的司法实践对我国的借鉴意义不大。[⑦]

本报告认为，域外判例没有关注游戏直播画面的著作权问题，原因

---

① 参见李明：《网络游戏直播中的著作权问题——以网络游戏画面的权利定性与归属展开》，载《学习与实践》2017 年第 6 期。

② 参见冯晓青：《网络游戏直播画面的作品属性及其相关著作权问题研究》，载《知识产权》2017 年第 1 期。

③ 广东省高级人民法院（2018）粤民终 137 号民事判决书。该案件公开及相关情况参见陈虹伶、陈中山：《“梦幻西游”网络游戏直播侵权案二审维持原判》，载《人民法院报》2019 年 12 月 27 日，http：//rmfyb. chinacourt. org/paper/html/2019 – 12/27/content_ 163825. htm？div = – 1，最后访问时间：2022 年 2 月 10 日。

④ SternElectronic v. Kaufman，669 F2d 852（2d Cir. 1982）.

⑤ Midway MFG Co. v. Artic Intern Inc.，704 F. 2d 1009（2nd Cir. 1983）.

⑥ 参见東京地裁昭和 56 年（ワ）第 8371 号判决书。该案是日本第一例就视频游戏可否作为“类似电影作品”保护的案例，载日本裁判所官方网站，https：//www. courts. go. jp/app/hanrei_ jp/detail7？id = 14067，最后访问时间：2022 年 3 月 16 日。

⑦ 参见张志伟：《论网络游戏直播的法律属性及其利益平衡》，载《甘肃政法学院学报》2019 年第 2 期。

在于，在分析直播行为是否构成侵权或直播平台是否构成帮助侵权这些问题时，游戏直播画面是否构成作品以及构成什么类型作品，与分析侵权和帮助侵权并无直接关联。换言之，即使游戏直播画面未被认定为作品，也不意味着侵权不成立，反之亦然。分析游戏直播画面是否可以被认定为作品，与案件的判定没有必然联系，是“节外生枝”的讨论，无关乎侵权与否的证成，因而域外判例鲜有论及这一问题。

（四）评析

本报告认为，对于游戏直播画面的分析应先与游戏整体动态画面相区分，即游戏直播画面的可版权性与游戏整体动态画面的定性并无直接关联。对游戏直播画面的可版权性分析，应建立在将游戏整体动态画面和其他元素融合的基础上进行整体考察，进而达成个案的判断，不宜一概而论。

如果其他元素的独创性程度很高（如专业的电子竞技赛事），理应将其作为作品进行保护；如果其他平台未经许可对该直播画面进行使用，毫无疑问构成侵权。在现行著作权法框架下，此类作品能否作为类电影作品进行保护的主要问题在于，该游戏直播画面是否是“摄制”在一定介质上的，如果不是，则从字面上看似乎不符合“类电影作品”的构成要件。这一讨论随着新著作权法的即将生效而变得不再有太大意义，因为此类作品显然可以归入“视听作品”而获得保护，与其是否“摄制”而成并无关系。

如果游戏直播画面中除游戏整体动态画面外的其他元素因无足轻重而缺少独创性，则应考察玩家或平台在该游戏直播画面的制作过程中，有无投入一定的人力、技术、资金等成本，以确定该游戏直播画面可否作为视听作品来进行保护。若答案是否定的，则该游戏直播画面无法落入著作权法的保护范畴，也就无所谓谁是作者以及作者权利等后续问题。

综上所述，对于游戏直播画面法律属性的分析，应避免与游戏整体动态画面混为一谈，应在区分原则基础上进行个案判断；而对于游戏直播画面的作品类型分析，应对个案中的游戏直播画面进行独创程度分析，独创性较高的画面能否被认定为新著作权法规定的视听作品依然需要个案考量；同时，对于独创性的认定应当综合考虑不同游戏类型、不同玩家的贡献程度，进而再确定是否构成视听作品或录像制品，还是不构成作品。

四、重点观察之二：网络游戏直播著作权合理使用问题

（一）问题简述

1. 法律适用难点

我国著作权法在判断作品利用行为是否构成合理使用时，主要依据著作权法第二十四条，[①] 同时辅以著作权法实施条例第二十一条[②]施以限制。当然，在司法适用上也存在合理使用“四要素”[③] 判断的依据。2020 年著作权法修订后，将著作权法实施条例第二十一条的规定上升

① 参见著作权法第二十四条规定：“在下列情况下使用作品，可以不经著作权人许可，不向其支付报酬，但应当指明作者姓名或者名称、作品名称，并且不得影响该作品的正常使用，也不得不合理地损害著作权人的合法权益：（一）为个人学习、研究或者欣赏，使用他人已经发表的作品；（二）为介绍、评论某一作品或者说明某一问题，在作品中适当引用他人已经发表的作品；（三）为报道新闻，在报纸、期刊、广播电台、电视台等媒体中不可避免地再现或者引用已经发表的作品……”

② 参见著作权法实施条例第二十一条规定：“依照著作权法有关规定，使用可以不经著作权人许可的已经发表的作品的，不得影响该作品的正常使用，也不得不合理地损害著作权人的合法利益。”

③ 参见《最高人民法院关于充分发挥知识产权审判职能作用推动社会主义文化大发展大繁荣和促进经济自主协调发展若干问题的意见》第八条规定：“妥当运用著作权的限制和例外规定，正确判定被诉侵权行为的合法性，促进商业和技术创新，充分保障人民基本文化权益。正确认定合理使用和法定许可行为，依法保护作品的正当利用和传播。在促进技术创新和商业发展确有必要的特殊情形下，考虑作品使用行为的性质和目的、被使用作品的性质、被使用部分的数量和质量、使用对作品潜在市场或价值的影响等因素，如果该使用行为既不与作品的正常使用相冲突，也不至于不合理地损害作者的正当利益，可以认定为合理使用。对设置或者陈列在室外社会公共场所的艺术作品进行临摹、绘画、摄影或者录像，并对其成果以合理的方式和范围再行使用，无论该使用行为是否具有商业目的，均可认定为合理使用。”

至著作权法合理使用条款的头部，以期对所列举的诸多合理使用具体情形进行限制，实现法律规范位阶的上升及明晰。同时新修订的著作权法中合理使用条款增加兜底性规范，以期面对新技术环境下可能产生的新类型挑战。法律规范上对合理使用的判断规则相对清晰，但难点在于如何在个案中适用法律规定之情形，特别是在网络游戏直播领域对合理使用的判断涉及较大利益划分的前提下，不同类型游戏直播所映射出对原游戏画面的利用情形皆不相同，亦增加了对合理使用判断的难度。

2. 学界观点莫衷一是

网络游戏直播市场体量的逐步增大反映出直播市场的空前繁荣，而“梦幻西游案”[①] 的发生着实折射出网络游戏与网络游戏直播之间的诸多问题，其中针对网络游戏直播玩家的直播行为是否构成合理使用是目前我国学界争论最激烈的前沿问题。

一部分学者认为，个人直播行为不属于我国法律规定的合理使用的情形。其中有学者通过分析提出，我国著作权法规定的符合合理使用的情形中，能够与游戏直播挂钩的只有为个人目的的使用和适当引用。对于前者，玩家通过公开直播吸引他人围观，是向公众播放游戏画面的行为，同时通常以盈利为目的，已经超出了为个人学习、研究或者欣赏的范围；对于后者，玩家在直播中对游戏画面的全部使用很难构成“引用适当”，因而不能归为合理使用。[②] 也有学者从美国判断“合理使用”的四要素出发，认为由于直播行为中作品的使用目的是获利、使用数量为完全性使用等原因，不宜将其认定为合理使用。[③]

而另一部分学者则主张，玩家在直播过程中使用网络游戏画面属于对著作权限制的情形，即构成合理使用，并不是著作权侵权行为。有学

① 广东省高级人民法院（2018）粤民终 137 号民事判决书。该案件公开及相关情况参见陈虹伶、陈中山：《“梦幻西游”网络游戏直播侵权案二审维持原判》，载《人民法院报》2019 年 12 月 27 日，http：//rmfyb. chinacourt. org/paper/html/2019 - 12/27/content_ 163825. htm？ div = - 1，最后访问时间：2022 年 2 月 10 日。

② 参见李扬：《网络游戏直播中的著作权问题》，载《知识产权》2017 年第 1 期。

③ 参见祝建军：《网络游戏直播的著作权问题研究》，载《知识产权》2017 年第 1 期。

者引入了美国法院在司法实践中发展出来的用于判断合理使用的“转换性使用”因素，认为游戏直播对于游戏中画面的传播具有转换性，它不是为了单纯地再现画面本身的美感或所表达的思想感情，而是展示特定用户的游戏技巧和战果，因此直播中的使用行为可被认定为合理使用，这样不仅符合著作权法原理，而且有利于电子竞技产业的发展。[①]有学者采用同样的方法，即从美国《版权法》规定的判断合理使用“四要素”，即作品使用行为的性质、目的、被使用部分的数量和质量、使用对作品潜在市场或价值的影响，得出了普通游戏用户直播游戏画面可构成合理使用，但与直播平台签约的网红主播要受到许可合同的限制的结论。[②] 有学者则认为，电竞类游戏直播实现了与游戏本身不同的功能，且失去游戏直播许可市场并不会实质性挫伤著作权人创作游戏的动力，具有构成合理使用的正当理由，但其他类型的游戏直播要具体判断。[③]

同时，亦有学者提出，一概而论游戏直播是否构成合理使用并不妥当，将游戏直播的情形进行类型化划分，分别探讨是否可能适用合理使用抗辩，是更加理性和务实的路径。[④] 也有学者主张在画面和内容二分的基础上考虑合理使用成立的概率。[⑤]

（二）核心争议点

综上，网络游戏直播行为是否构成合理使用的问题在当前难以达成共识。在对待网络游戏直播行为是否属于合理使用的问题上，若否认玩家直播行为构成合理使用，确实有利于最大限度地保护游戏制作方之利益，但由于玩家的直播行为不再仅是个人行为，更多涉及整个直播产业

---

① 参见王迁：《电子游戏直播的著作权问题研究》，载《电子知识产权》2016 第 2 期。

② 参见周国林等：《直播平台的商业模式研究——以斗鱼为例》，载《上海商学院学报》2019 年第 3 期。

③ 参见谢琳：《网络游戏直播的著作权合理使用研究》，载《知识产权》2017 年第 1 期。

④ 参见王敏昊等：《游戏直播适用著作权合理使用抗辩的类型化》，载《中国知识产权报》2020 年 1 月 10 日。

⑤ 参见崔国斌：《视听作品画面与内容的二分思路》，载《知识产权》2020 年第 5 期。

的运行，若作出过多限制，对直播产业未来的成长势必产生诸多不利。在网络游戏直播利用网络游戏画面是否构成合理使用问题的判断上应当回归著作权法作为典型的平衡各方利益的法律规范的初衷，如何平衡游戏开发商作为著作权人享有的作品利益和推动游戏直播产业的健康发展是目前最具焦点的重要问题，而不应只单纯地考量某一方所谓正当利益而不顾相关产业的长远健康发展。

（三）域外情况

在网络游戏直播是否构成合理使用的问题上，观察域外各地的理论和司法实践亦有利于对我国行业政策走向提供积极建议。但经过大量检索发现，网络游戏直播行为是否能够被认定为合理使用行为在域外的经验甚少，其中根据美国伊利诺伊大学法学院法律博士 Ivano. Taylor Jr. 在 2015 年的统计，根本原因是网络游戏权利人认为游戏直播在客观上对游戏开发商用户和业绩有提升作用而几乎未对游戏直播人提起有关诉讼，[①] 因而避免了对网络游戏直播是否构成合理使用判断的认定。同时，笔者于 2020 年 12 月 20 日在各大数据库进行检索，均未见美国有关于对网络游戏直播是否构成合理使用争议的相关案例。

在对网络游戏市场比较发达的国家或地区进行检索后发现，日本和韩国对网络游戏直播出现的问题曾有司法回应，但二者出现的问题都囿于本国网络游戏市场具体行情的相异而导致裁判结果的不完全相同或不相似，本报告对其简述以供参考借鉴。

1. 日本

日本《版权法》授予了作者包括复制权和公共传播权等的专有权，其中公共传播权包括无线广播、电缆传输、互联网传输和应个人用户请求进行的自动传输，该法同时授予了保护作品完整权、改编权。日本最

---

① See Ivan O. Taylor Jr. , “Video Games, Fair Use and the Internet: The Plight of the Let’s Play”, University of Illinois Journal of Law, Technology and Policy Spring, 2015, 2015 U. ILL. J. L. Tech. & Plo’y.

高法声明电子游戏应当作为“电影作品”进行保护，但对常规电影作品和家用电子游戏分开适用，因此 first sale doctrine（第一销售原则）仍适用于家用游戏软件。在此基础上，目前日本网络游戏直播有两种形式：一种是事后上传的网络游戏录播视频，另一种是实时在线的游戏直播。就实时直播而言，采用的是流技术（streaming technology），有的平台还允许直播完后观看回放，采用的是渐进式下载（progressive downloading）而非纯流式传输（pure streaming）。

目前，日本越来越多的游戏公司允许用户进行实时直播，但不允许用户以此获得利润。其中典型的方式是允许用户在进行直播并获取利润，但要求和用户、平台共同分享获得的广告收入。事实上，由于直播的方式实际上促进了游戏的推广，很少有游戏公司会诉诸版权诉讼，有学者认为这构成一种容忍使用（tolerated use）[①]。

2. 韩国

网络游戏“星际争霸”案件在韩国尤为典型，该案中游戏作品的权利人美国暴雪公司认为韩国电子竞技协会擅自许可电视台直播“星际争霸”比赛是侵权行为，要求韩国的电视台停止直播，[②] 并于 2010 年对韩国电子竞技协会和两家韩国电视台提起了诉讼，不过该诉讼最终以和解告终。[③] 韩国电子竞技委员会在与美国暴雪公司的争议中提出：“如果游戏开发商在其游戏已经成为电子竞技核心项目之后，还要主张其权利以实现其利益的最大化，将构成对电子竞技产业这一面向未来的娱乐产业的严重威胁。”[④] 美国有评论者认为，如果作品已经成为新兴竞技项目或产业的基础，且作者未意图以相同的方式使用作品，则作者

① See “Does it have to be a copyright infringement? : Live game streaming and copyright”, *Texas Intellectual Property Law Journal*, 2016.

② See http: //www. teamliquid. net/forum/brood – war/123275 – update – kespa – speaks – out – on – intellectual – property – rights.

③ See http: //www. teamliquid. net/forum/brood – war/223866 – blizzard – kespa – license – official.

④ See http: //www. teamliquid. net/forum/brood – war/123275 – update – kespa – speaks – out – on – intellectual – property – rights.

无权禁止以此种方式进行的使用。以在韩国经久不衰的“星际争霸”为例，“星际争霸”应当被认为是一种准公共产品，即使暴雪公司应当获得许可费，也不能允许其轻易禁止游戏直播，以保护此种公共产品持续存在的权利和相关各方的利益。①

（四）评析

1. 区分原则下的认定

对网络游戏直播是否构成合理使用应当严格遵守区分原则。判断合理使用在实质上本应是个案认定的问题，而不是标准化统一裁判尺度的问题。区分原则至少应当包含网络游戏不同类型的区分，同类游戏不同直播效果的区分，同种直播效果直播主不同贡献度的区分。

同时，由于电子游戏本身就是视听产品中比较特殊的一个概念，②在新修订的著作权法规定下，将视频游戏和视听作品的定义进行区分，由此移除其“公共传播权”的权利类型，从而在美国《版权法》第107条规定的“使用作品的目的和性质”因素下创造出更适配游戏直播的新概念会更有利于更细致地判断直播行为是否构成合理使用。

另外，合理使用判断考量因素在游戏领域的适用，亦应当坚持在我国特有的游戏和游戏直播环境下思考，审慎借鉴国外有关实践，在考量我国有关产业发展现状前提下对视听作品的利用是否构成合理使用时，适当运用经济学理论和计算方法，同时考量辅之以竞争法的限制会更具有合理性。

2. 是否商业化使用

行为是否属于商业性质或为商业性利用的考察源于美国《版权法》

---

① See Jacob Rogers, “Crafting an Industry: An Analysis of Korean StarCraft and Intellectual Properties Law”, *Harvard Journal of Law and Technology Digest* (2012), Available at http://jolt.law.harvard.edu/digest/copyright/crafting-an-industry-an-analysis-of-koreanstarcraft-and-intellectual-properties-law, last accessed on 9th Sep 2020.

② See “From Arcades to Online Updating Copyright to Accommodate Video Game Streaming”, *North Carolina Journal of Law & Technology*, 2018.

合理使用判断四要素中对行为性质和目的的分析。运用逻辑语言的方法分析该判断要素，凡商业性质的使用肯定不是合理使用，这是因为合理使用是一种无偿使用，不允许他人以盈利为目的地使用有著作权的作品，商业性质将取代著作权许可使用、法定许可使用等形式，最终损害著作权人的财产利益。[①] 在判断游戏直播行为是否构成合理使用时，该行为是否为商业化使用游戏作品应当成为考量是否构成合理使用的类型化标准，其原因在于游戏产业和游戏直播产业所涉利益重大，是否构成商业化利用的标准能够更好地厘清其与合理使用制度内含的无偿使用原作品判断标准的界限，亦能使著作权人在判断中明晰利用行为所蕴含的市场价值。出于商业目的的游戏直播行为和游戏短视频传播行为，玩家或者主播在这一过程中是否具有独创性贡献、是否形成了新的作品，都应当获得在先游戏著作权人的授权。“是否商业化使用”的判断实质上是明确行为不能超越无偿使用作品的边界而牟利。当然，牟利行为本身包含经过合理使用而产生新作品进行的市场盈利行为，但不应当包含经过商业化使用不被评价为合理使用的行为。对于网络游戏直播行为而言，使用网络游戏作品的行为性质应当区分是否进行商业化使用，对商业化使用的判断应当以客观上是否以支付对价的方式直接或间接盈利，是否为了迎合市场中用户的具体需求等因素综合进行判断，且应当与公益性质或纯个人行为进行有效区分。

3. 不宜径行认定为不构成合理使用

在网络游戏直播的合理使用认定中，鉴于著作权法规定的具体情形具有局限性以及三步检验法过于抽象，我国有不少学者以美国《版权法》上合理使用判断四要素作为认定标准，但就同一问题得出了不同的结果。有观点认为游戏直播符合四要素标准的要求可以认定为合理使用；[②] 有观点认为游戏直播不符合四要素标准的要求不构成合理使用；[③]

① 参见吴汉东：《著作权合理使用制度研究》，中国人民大学出版社 2013 年版，第 174 页。
② 参见谢琳：《网络游戏直播的著作权合理使用研究》，载《知识产权》2017 年第 1 期。
③ 参见祝建军：《网络游戏直播的著作权问题研究》，载《知识产权》2017 年第 1 期。

还有观点认为游戏直播是否符合四要素标准的要求应个案权衡，其中第一个因素的权衡结果对于认定合理使用有利，第二个因素的权衡结果对于认定直播行为构成合理使用相对不利，另外两个因素需要根据游戏类型具体认定。[①] 对合理使用四要素判断的讨论中，我国有不少学者将转换性理论作为认定标准，有观点认为游戏直播是为了让用户学到更多的游戏操作技巧，并非为了展示游戏画面，从而使直播该游戏的目的发生了转换，符合转换性使用从而构成合理使用；亦有观点认为，游戏直播的重点在于对游戏进行评论，构成对原始作品的重大转变（可参考 Cambell 案），[②] 而相反的观点则认为，由于游戏画面本身在整个直播画面中占据核心地位，直播行为不符合转换性使用，难以构成合理使用。[③]

本报告认为，运用合理使用四要素方法对网络游戏直播是否构成合理使用时，构成转换性使用与否不能决定其直播行为是否构成合理使用，而应当针对四要素逐一判断。并且，判断前应当在区分原则基础上对游戏类型进行具体划分，针对个案进行具体分析。如对诸如 MOBA 类的网络游戏直播而言，分析时应考量直播主（玩家）在直播画面形成中付出的相应劳动、对最终直播画面形成的贡献度、直播行为是否已经超出游戏所能涵摄的社交价值范围、观众对游戏直播的关注热度和关注角度等因素才能较为全面地分析网络游戏直播的性质、直播对潜在市场的替代等问题，应当杜绝仅以使用数量为考量依据片面地认为不符合合理使用要求的判断标准，也要反对不加区分地认为任何直播行为都构成合理使用的观点。

① 参见崔国斌：《认真对待游戏著作权》，载《知识产权》2016 年第 2 期。

② See Campbell v. Acuff – Rose Music，Inc.，114 S. Ct. 1164，1994.

③ 参见焦和平：《网络游戏在线直播的著作权合理使用研究》，载《法律科学》2019 年第 5 期。

五、重点观察之三：网络游戏直播案件中的诉讼保全问题

（一）问题简述

据不完全统计，2013 年至 2017 年，全国法院分别受理知识产权诉前停止侵权和诉中停止侵权案件 157 件和 75 件，裁定支持率分别为 98.5% 和 64.8%[①]，行为保全措施对知识产权权利人迅速制止侵权行为、及时获得司法救济发挥了重要作用，但适用诉讼保全要件的判定一直是司法实务界难题。

我国民事诉讼法第一百零三条规定了诉讼保全的要件，其中申请保全的必要性条件为"可能因当事人一方行为或者其他原因，使判决难以执行或者造成当事人其他损害"。同时，2019 年 1 月 1 日施行的《最高人民法院关于审查知识产权纠纷行为保全案件适用法律若干问题的规定》（以下称《行为保全规定》）第七条亦规定适用行为保全的多项因素，[②] 对民事诉讼法第一百条规定的相对宽松和缓和的行为保全必要性要件，进行了较大幅度的限缩，增加了知识产权人成功申请行为保全的难度。[③]

随着网络游戏侵权纠纷的增加，为规范市场竞争秩序、保护从事网络游戏开发、运营、服务等主体的合法权益，2020 年广东省高级人民法院发布《广东省高级人民法院关于网络游戏知识产权民事纠纷案件

① 《最高人民法院召开审判委员会全体会议审议并原则通过〈最高人民法院关于审查知识产权与竞争纠纷行为保全案件适用法律若干问题的规定〉》，载中华人民共和国最高人民法院官网，http：//www. court. gov. cn/zixun－xiangqing－132391. html，最后访问时间：2021 年 11 月 25 日。

② 参见《最高人民法院关于审查知识产权纠纷行为保全案件适用法律若干问题的规定》第七条规定："人民法院审查行为保全申请，应当综合考量下列因素：（一）申请人的请求是否具有事实基础和法律依据，包括请求保护的知识产权效力是否稳定；（二）不采取行为保全措施是否会使申请人的合法权益受到难以弥补的损害或者造成案件裁决难以执行等损害；（三）不采取行为保全措施对申请人造成的损害是否超过采取行为保全措施对被申请人造成的损害；（四）采取行为保全措施是否损害社会公共利益；（五）其他应当考量的因素。"

③ 参见李扬：《中国需要什么样的知识产权行为保全规则》，载《知识产权》2019 年第 5 期。

的审判指引（试行）》（以下称《指引》），《指引》就行为保全方面强调了行为保全审查中应注意与侵权程度相适应的比例原则，明确管辖权异议一般不影响行为保全的审查；人民法院在采取行为保全措施前，要充分听取双方当事人意见，除审查权利效力稳定性外，还应审查被申请人侵权成立是否具有较大可能性；对不立即采取保全措施的，应充分考虑网络游戏的类型、上线时间、传播速度、传播范围、营利能力、市场份额以及被诉侵权行为是否仍在持续、是否可能导致难以弥补的损害等因素。[①] 在关于行为保全方面对各要件作出了更为细化的指引，如《指引》第十条规定了审查“情况紧急”和“申请人的合法权益受到难以弥补的损害”时可综合考虑以下因素，[②] 第十一条规定审查行为保全申请应遵循比例原则，合理平衡申请人利益和被申请人利益。[③]

在网络游戏领域，由于所涉及利益巨大，其所出现的基于利益衡量而产生的诉讼保全应当极其慎重，诉讼保全的适用要件应当逐一审定并个案判断，在分析各要件时应当严格按照法律、司法解释的规定。

（二）核心争议点

在网络游戏直播案件中，分析诉讼保全适用要件时，应当认真思考网络游戏及其直播市场具有的开发成本高、市场生命周期短、传播速度

---

① 参见《广东高院发布网络游戏领域知识产权案件审判指引》，载中国新闻网，http：//www. chinanews. com/gn/2020/04 - 12/9154575. shtml，最后访问时间：2020 年 12 月 13 日。

② 《关于网络游戏知识产权民事纠纷案件的审判指引（试行）》第十条规定了审查“情况紧急”和“申请人的合法权益受到难以弥补的损害”时可综合考虑以下因素：（1）网络游戏的类型；（2）网络游戏或游戏直播、短视频等内容的上线时间；（3）网络游戏或游戏直播、短视频等内容的传播速度和传播范围，包括日/周/月活跃用户数量及其发展情况等；（4）网络游戏或游戏直播、短视频等平台的营利能力、市场份额及其发展情况；（5）被诉侵权行为是否仍在持续；（6）其他紧急情况或导致难以弥补损害的因素。

③ 《关于网络游戏知识产权民事纠纷案件的审判指引（试行）》第十一条规定审查行为保全申请应遵循比例原则，合理平衡申请人利益和被申请人利益。存在以下情形的，一般不宜裁定采取行为保全措施：（1）采取行为保全措施对被申请人造成的损害明显超过其在案件中可能承担的民事责任的；（2）采取行为保全措施对被申请人造成的损害明显超过不采取行为保全措施对申请人造成的损害的；（3）其他导致利益明显失衡的情形。

快、影响范围广等特点，如不及时制止被诉侵权行为可能会导致申请人的市场份额减少和市场机会丧失，给申请人造成难以弥补的损害；也应当考量所造成的损害是否会显然超过采取行为保全措施对被申请人造成的损害；由于所涉利益较大，还应当考虑提供诉讼保全可以适用的担保，并明确担保的具体形式和担保的合法合理性。就目前司法实践而言，在考量具体领域实际情况的前提下，“胜诉可能性”“难以弥补的损害”“利益衡量”的个案分析已经较为成熟，但法院要求保全申请人提供担保行为的司法实践比以上三个要件更容易遭到忽视。

（三）域外情况

就目前域外各地对网络游戏直播案件中适用诉讼保全而言，我国一直走在世界前列，相较网络游戏产业比较发达的美国、日本、韩国，我国案件更具中国特色。其他国家并无直接针对网络游戏直播提起的禁令诉讼，主要原因是游戏厂商将游戏直播看作对游戏本身的推广，从损益比角度而言无动力对游戏直播提起诉讼，因此甚少涉及有关诉讼保全的问题。本报告在本部分提供美国在一般案件中的诉讼保全适用要件分析，以期使得诉讼保全要件的适用能够有域外对照。

《美国联邦诉讼法规则》第 65 条规定的保全禁令，包括临时性禁止令和永久性禁止令。临时性禁止令中又有临时禁止令（temporary restraining order）和预备禁止令（preliminary injunction）的区分。而在是否颁布禁令的考量上，eBay v. MercExchange, LLC. 案[①]则为美国司法上适用保全禁令提供了蓝本，该案法官认为申请永久禁令的当事人要证明一般公平原则（general equitable principles）：（1）遭受了难以弥补的损害；（2）可以通过法律救济进行弥补，是否存在其他除永久禁令外的弥补方式；（3）要考虑到当事人之间的平衡；（4）该禁令不会对公共利益造成损害。具体在本案中的适用，则是考虑双方的平衡，即另一方

① See eBay Inc. v. MercExchange, LLC., 547 U. S. 388 (2006).

被永久禁止后可能遭受的损害，同时鉴于专利本身的特殊性，法院也要考虑到专利作为一种商业模式的特质；法院也注意到专利商标局对专利的评估作用，该评估会影响法院对四要素的认定，即是否要维护专利权、实施永久禁令，根本在于对公共利益分析进行整体判断。

综上可见，美国在对诉讼保全问题上的考量因素与我国差异较小，由于网络游戏直播所涉及的问题是我国特有的网络游戏市场情况所决定的独具特色的问题，因此在判断行为保全时，应当结合具体网络游戏直播案件实际予以判断。

（四）评析

结合以上分析，以下分析各要件在我国适用的合理性以及是否存在不足，并且结合域外经验，提供可资借鉴的解决方案。

首先，就“胜诉可能性”的应用而言，有学者认为，我国现阶段的知识产权行为保全规则需要衡量权利人、侵权行为人、社会公共利益之间的关系，但是也必须加大知识产权的保护力度，由此认为我国按照《行为保全规定》所明确的相关构成要件较为严苛，并无法回答上述亟待解决的问题。此时，可以借鉴美国从19世纪早期一直坚持到2006年的禁令规则，即“有侵权就有不可弥补的损害，就有禁令救济”。从该规则的要件来看，如果权利人证明了胜诉可能性，相应就证明了知识产权的有效性、权利归属的无瑕疵以及侵权行为的存在，法院应当推定该侵权行为给原告造成了不可弥补的损害，并支持原告的行为保全请求，除了公共健康等重大公共利益之外，不应当再考虑其他因素。至于原告是否存在胜诉可能性，法院按照一般的优势证据进行判断即可。除了着重考察原告胜诉可能性之外，一般不宜再过度考虑其他公共利益是否会因行为保全受到侵害，除非确实存在公共健康等极端重要的公共利益明显可能受到知识产权行为保全措施重大侵害的情况。[①] 但是，与此相对

① 参见李扬：《中国需要什么样的知识产权行为保全规则》，载《知识产权》2019年第5期。

应，亦有学者认为在实质正义观极强的中国法律文化中仅要求申请人有“胜诉可能性”的行为保全制度难以立足。其认为法官在考虑行为保全时，应该同时考虑四要件。在具体案件中，法官既不能撇开四要件分析，将上述要件等量齐观，也不能不假思索地予以偏废。行为保全的要件判断只能建立在实事求是、动态平衡和综合考量的基础上。[①] 综合上述观点，结合目前世界上主要国家和地区胜诉可能性的要求以及中国本土的发展特点，中国网络游戏直播诉讼中的行为保全问题或许可借鉴域外经验采纳较为灵活的判断方式。对于胜诉可能性的要求应当首先排除明显没有胜诉可能性或者胜诉可能性较低的情况，要与难以弥补的损害、双方利益平衡、担保等其他因素综合考虑，[②] 从整体判断，而不应当机械设定一个等同划一的标准。

其次，就“难以弥补损害”的判断而言，在行为保全的构成要件中，我国要求申请人证明“不采取行为保全措施是否会使申请人的合法权益受到难以弥补的损害或者造成案件裁决难以执行等损害”；但是“难以弥补的损害”以及“难以执行的损害”对于当事人而言难以证明，没有明确标准。并且，如上所述，实践中不同法官态度不同，把握的程度也不一。若把握过紧，将给权利人增加过重的举证负担，对于显著侵权以及故意侵权案件，无法满足权利人迅速保护权利的正当需求，客观上有可能给申请人造成难以弥补的损害，有失行为保全程序意义。若把握过松，适用推定原则将导致“难以弥补的损害”这一实体要件被消解，使得行为保全的必要性要求过低甚至丧失。因此，通过权衡上述利弊，结合我国市场经济发展阶段，知识产权整体保护水平、社会诚信水平以及各地人民法院司法水平和司法资源不充沛等因素，有学者认为我国现阶段应当确立宽严适度的指导思想，将最高法院提出的“适度从严把握法律条件，慎重适用诉前停止侵权措施”确立下来，在严

① 参见胡震远：《知识产权行为保全的审查要件》，载《电子知识产权》2015年第6期。
② 参见宋鱼水：《知识产权行为保全制度研究》，载《知识产权》2014年第11期。

格审慎的基础上积极适用诉前禁令。特别是在疑难复杂的知识产权案件中，更应当以审慎优先，防止各地法院滥用诉前禁令。并且，应当确立对损害程度和损害后果的实质审查原则，要求申请人对“如不制止被申请人之行为，将会对其造成难以弥补的损害”进行举证或说明，法院对此进行实质性审查。鉴于我国对于裁定诉前禁令仍然持审慎态度，这与一些英美法系国家采取的态度类似，因此对于具体要件的审查，可以参照他国经验，确立损害要件与胜诉可能性之间的“反比例关系”原则。对于较易认定的案件，若申请人提供的证据能够有力证明侵权存在，那么对于难以弥补损害的证明要求则相应放宽。对于不易判断的复杂案件，则应要求申请人提供强有力的证据证明不采取措施申请人损失难以弥补。①

再次，就利益衡量的问题而言，无论是双方利益衡量还是公共利益的衡量，法院都要进行比例原则的判断。该原则是公权力行使过程中的一项基本原则，其作用就是把公权力可能对公民造成的伤害降到最低。在行政法领域则要求采取的手段与要达到的行政目的之间要有一定的比例关系，即因采用这一手段所造成的侵害，不得逾越所要达到的目的而获致的利益，这同样适用于行为保全审查。法院要衡量采取行为保全给被申请人以及社会公众造成的损失，是否远远大于侵权行为造成的损失。②

最后，民事诉讼法第一百零三条第二款规定的诉中保全担保和第一百零四条第一款规定的诉前保全担保，以及《最高人民法院关于适用〈中华人民共和国民事诉讼法〉的解释》第一百五十二条规定的担保必

① 参见杨静：《“难以弥补的损害”之判断规则及类型化研究》，载《电子知识产权》2014年第8期。

② 参见王莉娟、谭筱清：《从知识产权禁令到行为保全制度的完善》，载《司法论坛》2014年第5期。

要性、担保主体、命令形式、担保数额。[①]《最高人民法院关于审查知识产权纠纷行为保全案件适用法律若干问题的规定》第十一条明确规定了行为保全担保、担保数额以及反担保。[②]以上规范在为诉讼保全中提供担保明确具体规则时，都存在较为抽象的弊端。反映在司法实践中，才出现仅提供担保函[③]、保险单[④]作为担保凭证的案件。为了在实践中正确适用行为保全担保，需要明晰的是担保之目的。从比较法的视野看，在德国、日本，根据保全对象的不同，保全程序分为假扣押和假处分。前者保全的对象是金钱债权，后者保全的对象是非金钱债权。在上述国家，在假处分理由释明不足的情况下，可以通过提供担保的方法予以弥补。法官对于是否提供担保有较大的裁量权。从文义解释的角度看，担保的首要目的是弥补假处分理由释明不足的缺陷。在假处分理由释明的情况下，以不提起担保为常态，法官要求担保为例外。相对而言，如上文所述，美国的情况则是，其担保的目的并非弥补禁令理由存

---

① 参见《最高人民法院关于适用〈中华人民共和国民事诉讼法〉的解释》第一百五十二条规定："人民法院依照民事诉讼法第一百条、第一百零一条规定，在采取诉前保全、诉讼保全措施时，责令利害关系人或者当事人提供担保的，应当书面通知。利害关系人申请诉前保全的，应当提供担保。申请诉前财产保全的，应当提供相当于请求保全数额的担保；情况特殊的，人民法院可以酌情处理。申请诉前行为保全的，担保的数额由人民法院根据案件的具体情况决定。在诉讼中，人民法院依申请或者依职权采取保全措施的，应当根据案件的具体情况，决定当事人是否应当提供担保以及担保的数额。"

② 参见《最高人民法院关于审查知识产权纠纷行为保全案件适用法律若干问题的规定》第十一条规定："申请人申请行为保全的，应当依法提供担保。申请人提供的担保数额，应当相当于被申请人可能因执行行为保全措施所遭受的损失，包括责令停止侵权行为所涉产品的销售收益、保管费用等合理损失。在执行行为保全措施过程中，被申请人可能因此遭受的损失超过申请人担保数额的，人民法院可以责令申请人追加相应的担保。申请人拒不追加的，可以裁定解除或者部分解除保全措施。"

③ 广州知识产权法院（2018）粤73民初2858号民事裁定书，载裁判文书网，https：//wenshu. court. gov. cn/website/wenshu/181107ANFZ0BXSK4/index. html？ docId = a6eff4a9b76040f9b8ccab-1900c46881，最后访问时间：2022年2月10日。

④ 广州市南沙区人民法院（2019）粤0115民初1339号民事裁定书。该案件公开及相关情况参见张志荣：《全国首例苹果商店投诉行为禁令的司法审查思路——广州虎×信息科技有限公司诉武汉×行天下文化传媒有限公司不正当竞争纠纷诉中禁令案》，载广州审判网，http：//www. gzcourt. org. cn/ck487/ck335/ck490/2020/04/02153055644. html，最后访问时间：2022年2月10日。

在的缺陷，而是赔偿被申请人因错误禁令遭受的损失。基于遵守 TRIPS 协定的要求，我国行为保全制度中的担保目的，应当理解为保障被申请人的利益以及避免申请人滥用申请权利，不宜采取德国模式。因此，在我国担保的功能更多在于保障被申请人的利益，而不是减轻申请人的释明责任。①

目前法律对于担保的形式没有明确规定，法院主要结合担保目的以及个案分析对担保数额作出要求，但是对于担保的形式没有多加关注。目前，实践中出现了法院以保险单作为财产保全担保的做法，此类做法是否可以类推到行为保全担保中，在法理上应持怀疑态度。由于财产保全担保的目的是使得判决便于执行，而行为保全担保的目的是防止被申请人的利益因行为保全受损，因此就两者的设置目的而言，行为保全担保需要更高的稳定性，以便其目的实现。然而，以保险单作为担保，存在现金价值波动的风险，不具有稳定性，并且保险单涉及多方利益，包括被申请人、申请人、保险公司、受益人等，一旦纠纷发生在错误采取行为保全裁定的情况下，被申请人的利益难以得到很好的保护，这与行为保全的目的相悖。因此，对于财产保全中保险单作为担保的方式是否能够应用在行为保全担保中仍然存疑。

就我国司法实践而言，由于行为保全的紧急性以及涉及利益的广泛性，法院在保全中职权色彩明显，但是目前由于保全的相关标准和程序还不统一以及没有明确操作指引，法官行使自由裁量权容易影响保全裁定的正确性。因此，为了弥补被告损失或者因法官武断而不作出保全裁定对原告的损失，担保发挥着重要的作用。② 诚然，为了使行为保全中担保的功能最大化，这也需要立法和司法完善相关担保制度、包括担保启动、数额、救济、方式等，以回应目前实践中亟待解决的问题。

---

① 参见蒋利玮：《知识产权行为保全中的担保和反担保》，载《电子知识产权》2016 年第 4 期。

② 参见李曼：《民事行为保全担保制度的完善路径》，载《当代法学》2018 年第 3 期。

六、重点观察之四：网络游戏直播中的反垄断问题

（一）垄断行为规制

1. 经营者集中

（1）法律法规

我国反垄断法第二十条至第三十一条对经营者集中作出规定，主要表现为反垄断法第二十条所规定的三种情形：经营者合并、经营者通过取得股权或者资产的方式取得对其他经营者的控制权、经营者通过合同等方式取得对其他经营者的控制权或者能够对其他经营者施加决定影响。因此在实施企业间并购、控股等行为时需要注意是否有违反垄断法规范。

美国《克莱顿法》第7条、第8条规定了审查经营者集中的法定情形；《塞勒－科佛沃法》将审查范围扩展到资产收购；《哈特－斯科特－罗迪诺法》建立了事前申报制度，明确了申报门槛，授权联邦贸易委员会制定相关行政法规；联邦贸易委员会随后制定了《并购前申报规则》。[①]

（2）理论分析

就经营者集中而言，除反垄断法第二十条所规定的三种情形外，许多国家和地区原则上也将经营者联合设立企业作为经营者集中的法定情形，因其更接近于股权控制情况。尽管当下我国的反垄断法尚未将此纳入经营者集中审查的法定情形，而仍归于合同控制范畴，但不能排除对其在日后进行规制的可能。

我国的经营者集中控制模式体现在《国务院关于经营者集中申报标准的规定》第三条中，列明了对于经营者集中申报的门槛标准。我国的经营者集中审查并未明确指向结构主义或行为主义的思路，从反垄

① 参见叶军：《经营者集中法律界定模式研究》，载《中国法学》2015年第5期。

断法第二十八条“可能具有排除、限制竞争效果”的规定来看，更倾向于以市场绩效为考察重点，而可能具有排除限制竞争效果的表述意味着对经营者集中审查的管辖范围较宽，主管机关的自由裁量权更大，因此还需要进一步完善相关规范，细化审查门槛标准。

国外的经营者集中审查模式则具体表现在：①美国的审查模式，以美国《克莱顿法》第7条和第8条为准，对企业间以形成实质垄断为目的的取得股票或资产行为、合并行为、兼任管理任务行为、合营行为进行规制。美国的经营者集中审查，只要不符合法定豁免情形，且达到法定的申报门槛，一律要进行事前申报审查，以推定需要申报为原则，以豁免为例外。②欧盟，主要根据欧盟理事会和欧盟委员会的相关执行条例进行司法审查。[①] 欧盟对于是否构成经营者集中的认定，往往综合考虑各种因素，以确定整体的企业控制是否发生转移，使得交易发生后一个经营者得以对另一经营者施加决定性影响，以取得控制为审查的核心。③德国、英国、加拿大等国家采取的是混合模式。一方面，规定经营者集中法定情形，一旦触发无需审查即构成集中；另一方面，对于法定情形以外的其他情况，则需要考虑是否发生了控制变化以及变化程度，来认定是否构成需要申报的经营者集中。[②]

尽管采取的审查模式不一，但总体而言，对于经营者审查集中，起点是相关市场的划分，而后综合考虑市场份额、市场集中度等因素，进行市场进入能力分析，分析企业进入相关市场后对市场竞争可能会产生的影响。在游戏直播领域，首先要分析相关市场的划定，其次要追踪主管部门的执法裁量范围和标准的变化，以更好地进行反垄断合规。

2. 搭售、捆绑销售行为

（1）涉及法律法规

我国反垄断法第十七条第一款第五项规定，没有正当理由搭售商

① 相关执行条例包括《欧盟理事会关于经营者集中控制的第139/2004号条例》和《欧盟委员会关于第139/2004号理事会条例项下经营者集中控制管辖汇总的通告》。

② 参见叶军：《经营者集中法律界定模式研究》，载《中国法学》2015年第5期。

品，或者在交易时附加其他不合理的交易条件。

（2）理论分析

搭售行为一直是反垄断认定中的重要内容，而在互联网产业中，对于搭售的认定，因互联网企业本身的双边市场、网络外部性等特征，而有一些新的认定特点。一般而言，对互联网产业的搭售行为认定，主要有三个关键点：认定市场支配地位、判断搭售品和被搭售品独立性、评估搭售行为的竞争效果。搭售行为属于捆绑销售行为中的子概念，捆绑销售包括纯捆绑销售和混合捆绑销售，反映在中国的互联网产业，多见于软件的捆绑下载安装。

对于互联网企业相关市场和一般市场支配地位的认定，已有诸多讨论，在此不再展开。常规的做法，是进行替代性分析和假定垄断测试分析，综合多个要素进行认定。在互联网行业的反垄断案件中，考虑到用户锁定效应和网络外部性推动，马太效应在互联网企业市场占有率的影响非常明显，赢家通吃是常见局面，因此也有学者提倡更多地从行业进入壁垒和其他影响因素进行考虑，提高对互联网行业的垄断份额的设定标准，以适应互联网行业的行业特点。[①] 因此，对于互联网行业的市场支配地位的认定，其实也对当事方提出了更高的举证责任要求。

对于搭售产品的独立性，一般考虑消费者需求标准、产品功能标准和交易习惯标准。[②] 消费者需求标准，指的是从一般消费者的角度，判断搭售品和被搭售品是否能够构成两个独立的、不同的产品。产品功能标准，在于从产品自身的功能使用角度上看，搭售品和被搭售品是否具有密不可分的整体使用功能性质，如果是密不可分的，则不具有独立性。交易习惯标准，一般也是从消费者的角度入手，看消费者是否具有将搭售品与被搭售品一同购买的消费习惯。这三个标准并不互相排斥，

① 参见叶明：《互联网行业市场支配地位的认定困境及其破解》，载《法商研究》2014 年第 1 期。

② 参见王磊：《互联网企业搭售行为的认定困境及判断路径》，载《上海政法学院学报（法治论丛）》2016 年第 1 期。

往往会交叉重叠使用，其中又以消费者需求标准为常用的判断路径。在互联网产业中，由于互联网产品越发追求产品功能的配套和完备，因此仅仅依靠消费者需求标准判定产品独立性有时并不足够。

具体到网络游戏直播，则需要判断游戏直播和捆绑的产品之间对于一般消费者是否构成独立的、不同的产品，在功能使用上是否密不可分。笔者认为，消费者需求标准和产品功能标准对于游戏直播领域的独立性认定更为重要，原因在于互联网产品的消费习惯很多时候是由商品服务的提供方默认设定，用户的自由选择权更多地体现为单独取消的权利而非选择是否捆绑消费的权利，在互联网商业模式下，交易习惯存在高度的互构性和不确定性，消费习惯很大程度上是被塑造而非自主选择的结果，因此对于网络游戏直播搭售的认定宜更多采取消费者需求标准和产品功能标准，进行相对稳定、客观的认定。

对于搭售、捆绑行为的竞争效果分析，常见的是以消费者福利为出发点，同时也要考虑该行为对于市场竞争秩序、竞争结构和市场竞争潜力的影响，进行综合认定。此处对于市场竞争的影响，就要回到对于市场支配地位的认定中，与相关市场的认定密不可分。如在“梦幻西游案”[①] 中，法院就通过替代分析和假定垄断者测试分析，认定游戏本身不构成一个单独的相关产品市场，而是以中国大陆整个网络游戏服务市场作为相关市场。相关市场范围的扩大，将直接导致对市场竞争影响评估的影响程度减小，从而阻断对滥用行为的成功认定。而对消费者福利的讨论，指涉的是保障“消费者身处自由、公平之竞争环境，享受较低的价格、更多的选择和更优的产品质量”[②]。除此以外，也会有涉及是否阻碍了技术创新的讨论，但该讨论较少见于网络游戏直播市场的反

---

① 广东省高级人民法院（2018）粤民终 137 号民事判决书。该案件公开及相关情况参见陈虹伶、陈中山：《“梦幻西游”网络游戏直播侵权案二审维持原判》，载《人民法院报》2019 年 12 月 27 日，http：//rmfyb. chinacourt. org/paper/html/2019 – 12/27/content_ 163825. htm？ div = – 1，最后访问时间：2022 年 2 月 10 日。

② 参见王磊：《互联网企业搭售行为的认定困境及判断路径》，载《上海政法学院学报（法治论丛）》2016 年第 1 期。

竞争影响讨论之中。

综上，对于游戏直播中搭售、捆绑这一滥用行为的认定，需要综合讨论市场支配地位、搭售品和被搭售品的独立性、行为对竞争的影响，结合互联网行业的行业特点和网络游戏直播行业的消费者习惯，更多地贴合消费者的利益以及对市场竞争秩序、竞争结构和潜力的影响进行综合论证。

3. 独家交易行为

（1）涉及法律法规

我国反垄断法第十七条第一款第四项规定：没有正当理由，限定交易相对人只能与其进行交易或者只能与其指定的经营者进行交易。

（2）理论分析

限制交易是滥用行为的一种分类，其后果就是直接限制、排除与第三方交易的可能。从具体手段而言，滥用中的诸多规定行为，如独家交易、拒绝交易、掠夺性定价等均具有排他的后果，其中最直接的就是限制了独家交易和拒绝交易。

独家交易行为，在传统的反垄断法规制中，主要是通过垄断协议约定进行独家交易，构成的是对相对方交易权的限制。而在互联网平台中，可以与其双边市场的经营者用户和消费者用户分别产生，对于经营者用户，常见的就是“二选一”问题，一般通过签订独家协议的方式进行；对于消费者用户，更多的则是隐性的二选一问题，一般未经双方协议，由互联网平台强制排除。

对独家交易行为的认定一直是互联网反垄断执法的重点和难点。首先是相关市场和市场支配地位的认定，前文已有论述，不再赘述，但不可轻忽，若对市场支配地位的认定无法证成，后续论证也就无从谈起。其次是独家交易行为的认定，除明显的交易协议外，隐性的限制行为，如设置技术认证互通壁垒、设置奖励回扣或惩罚机制等，实际上造成了

"二选一"结果的，都有可能涉及潜在的合规风险。① 最后是对竞争损害的认定，包含对消费者福利、对市场竞争结构秩序、对潜在创新阻碍的影响。

独家交易行为中，重要的豁免/正当理由条款，主要包含以下几点：为保证产品质量和安全；为维护品牌形象，提升商品服务质量；能降低成本提升效率，促进消费者福利的增长。而结合网络游戏直播的产业特点，往往还会涉及对于游戏著作权的合理使用和排他抗辩，成为构成豁免的重要款项。

4. 垄断协议行为

（1）涉及法律法规

我国反垄断法第十四条第一款第三项规定，禁止经营者与交易相对人达成下列垄断协议：国务院反垄断执法机构认定的其他垄断协议。

（2）理论分析

该商业模式的核心在于数字音乐版权独家授权协议，此协议本身属于合同意思自治范畴，著作权人本身可以以独占许可或非独占许可的方式许可他人使用著作权，受法律保护。但由于独占协议会导致被授权人获得数字音乐市场上的竞争优势，对相关音乐作品的独占时间越久，对消费者的锁定效应就越明显，独占的音乐作品越多，就越有可能获取更多的竞争优势。因此，在对数字音乐独家版权授权无限制的情况下，可能会出现强者越强、一家独大的局面，甚至获得市场支配地位，而考虑到音乐版权对于数字音乐消费的重要性，独占音乐版权的商业模式可能造成网络音乐平台市场的进入障碍，新的竞争者难以进入，对于消费者在音乐平台发展后期消费的福利和权益保障也有影响。但从数字音乐独家授权这一行为本身而言，并不当然构成违法。

为避免独家授权毫无限制而导致的音乐平台竞争使得终端消费者利

---

① 参见《互联网平台反垄断合规面临的十大新挑战》，载方达律师事务所微信公众号，https：//mp. weixin. qq. com/s/osUqskite9ANCYGaG_ 198w，最后访问时间：2020 年 11 月 11 日。

益受损，美国《录音制品数字表演权法案》对独家授权进行了事前限制，限制独家授权的数量与期限，尽量实现独家授权模式的利益均衡，期望牺牲部分著作权人的利益，以促进知识产品的创造传播和利用，推动公共发展。[①] 但这种事前的审查许可和对数字版权的限制，未必能起到相应的预期效果。

当下对于独家授权模式的反垄断法规制还处于相对欠缺的阶段，这首先源于数字音乐版权授予许可定性较难，无法直接从反垄断法第十四条导向其行为本身的违法。而若以合理原则进行违法性讨论，由于许可协议本身具有双面性（一方面保护了著作人的版权，推动知识产权的发展；另一方面可能造成音乐平台市场的竞争限制和消费者利益被剥夺），如何对两种效应进行评估衡量尚未有明确的标准。且在司法执法层面，考虑到数字音乐平台的普遍性和广泛性，若统一纳入反垄断法监管，则容易落入执法资源相对有限的困境。[②] 因此，只有更加明确独家授权这种非价格的非典型纵向垄断协议行为的规制标准，才能有利于行业和执法司法的规范化。

综上，对于音乐平台的版权独家协议行为，目前还没有明确的法律规制。从商业模式本身和保护知识产权的角度出发，签订数字音乐版权独家协议行为本身不构成违法。但是知识产权的权利保护边界不当然及于版权协议的所有行为，可行的规制思路是采取合理原则综合评估，即一旦超过消除、限制竞争的程度，该行为就可能被纳入反垄断法规制的范畴。

（二）评析

目前，涉及知识产权反垄断的相关规范还有待完善，对于作为新兴

① 参见叶明、张洁：《利益平衡视角下的数字音乐版权独家授权模式研究》，载《电子知识产权》2018 年第 11 期。

② 参见王岩：《音乐版权独家授权的反垄断法规制——以纵向非价格垄断协议为分析进路》，载《出版发行研究》2020 年第 7 期。

领域的网络游戏直播行业，应注意在反垄断法、知识产权法等交叉领域的合规问题。

反垄断法的规制离不开最基础的认定思路，即界定相关市场—认定市场支配地位—根据合理原则/本身违法原则对行为违法性进行认定。对于知识产权和反垄断法的交叉领域，不能当然地认定行使知识产权行为必然排除其他法律规制，应当遵循反垄断法规制认定的基础思路，从界定相关市场、认定市场支配地位，再到对竞争行为进行分析，如果达到限制和排除竞争的效果，则有必要运用反垄断法对破坏市场竞争秩序的行为进行规制。

七、小结和展望

总结全文，本报告针对网络游戏直播画面的法律性质、网络游戏直播是否构成合理使用、网络游戏直播纠纷中诉讼保全适用要件问题、网络游戏直播中的反垄断问题进行了案例梳理、理论分析，最终针对以上四个问题形成整体意见和展望。

针对网络游戏直播是否构成合理使用的问题，应当在新修订的著作权法施行后，着手对诸如著作权法实施条例等行政法规和涉著作权审理的司法解释进行完善，明晰视听作品在著作权合理使用层面的规则；对于网络游戏直播中对网络游戏内容利用行为是否构成合理使用，需要在区分原则的基础上针对不同游戏类型采取个案认定的方式进行考量，如果形成的游戏直播画面具备独创性且能以某种形式表现时，直播主（游戏玩家身份合并）对游戏画面贡献度越高，认定合理使用的概率越高。同时，合理使用的认定有助于减少后续运用反垄断法规制游戏开发商市场行为的压力。

针对网络游戏直播纠纷中诉讼保全的问题，应当明确在涉及较大金额的游戏诉讼中适用行为保全的要件要求，突出平衡游戏作品和游戏直播内容的最大利益保护。明确“胜诉可能性”、“难以弥补的损害”和“利益平衡”的具体适用情景。同时，在适用诉讼担保问题上，应当明确符合双方预期和基本认知的具体担保形式和类型，我国相关法律法规或司法解释应对此予以明确。

针对网络游戏直播中的反垄断问题，应当明确享有著作权的游戏开发商并不必然不受到反垄断法的规制，应当在遵循“相关市场界定—市场支配力认定”的基本逻辑基础上对市场行为进行效应分析，对开发商滥用著作权锁定网络游戏对应的网络游戏直播市场，限制和排除竞争的行为，应当予以反垄断法规制。

观点精选①

1. 对于网络游戏直播画面的版权定性问题，专家认为，必须先明确问题的思考路径：第一，明确在著作权法的语境下，网络游戏直播画面是否构成作品；第二，在此基础上产生第二个问题，即网络游戏直播行为能否产生权利、产生何种权利、权属归谁；第三，再进一步判断该权利的产生和权利的归属过程中，存在哪些法律困境、我们应该如何去解决。总体来讲，应通过考虑区分原则和作品独创性来具体判断游戏的画面是否构成独立的作品，能否达到著作权法上独创性意义的标准；从促进创新和产业发展的角度来看，如果网络游戏直播画面具备了作品要件，还是可以适用著作权法保护标准给予保护。

2. 对于网络游戏直播行为是否构成合理使用的问题，专家认为：在讨论网络游戏直播的知识产权保护时，需分为网络游戏软件和网络游戏画面两个角度进行讨论。游戏软件和游戏直播属于上下游两个不同的产业，在对其进行保护时，需明确游戏软件的著作权保护界限，具体问题具体分析。具体到游戏直播的合理使用问题，可以从网络游戏类型化的角度入手探讨合理使用的可能性。可以将游戏划分为竞技类、剧情

① 受2021年4月18日举办的“大治论坛：全球互联网法律观察（2020—2021）”分论坛二“网络游戏直播知识产权保护”中专家、学者的发言启发，本节内容由研究团队会后重新梳理、补充而成。在此对与会专家、学者的专业意见表示感谢，详见本书“致谢”部分。

类、交互类三种，剧情类游戏较难构成游戏直播的合理使用，但竞技类和交互类的游戏直播较传统游戏直播更加强调主播的个人色彩，游戏技巧的展示以及社交属性的发挥，构成游戏直播的合理使用可能性高；同时，如果给游戏直播树立过高的保护门槛，而对合理使用的空间压缩得太过，容易造成交易成本过高，抑制新型创作模式的出现。另外，如果认为网络游戏直播行为并非合理使用，构成对于著作权的侵害，直播需要经过游戏厂商的授权，可能会出现反垄断法意义上交易成本过高的问题。

3. 从跨界融合的角度上讲，随着游戏开放程度和玩家与游戏的互动性程度不断提高，不能通过一刀切的做法来认定游戏直播画面的权属；另外，游戏厂商、直播平台、主播之间的内容审核义务的分配问题也值得我们注意，如何平衡三者的利益，这是整个行业都亟待解决的问题。

4. 对于网络游戏传导至网络游戏直播领域存在的垄断问题，专家认为：首先在对个案进行分析之前，需统一基础的共识前提，尤其是理论的框架。网络游戏直播和原来游戏作品之间问题的本质在于作品之上又有一个新的市场后，对这个新的市场的利益怎么样来分配，需要从利益的源头来思考问题。其次必须对转化性使用的概念进行澄清，转化性使用并非如字面意思般转化了就能使用，更不能将其认定为合理使用的一种类型。最后建议应由市场来筛选和调整网络游戏玩家和游戏厂商之间的关系，促进产业生态的良好发展，在游戏产业竞争秩序的问题上，认为应通过市场机制来进行调节，没有必要对该问题给予特殊的对待，可以从交易成本及上下游市场控制的角度出发去思考是否具备垄断的可能性。

第三部分

平台经济领域反垄断新发展

一、引言

平台经济是驱动数字经济[①]发展的重要支撑，反垄断是完善社会主义市场经济体制、推动高质量发展的内在要求。近年来，由平台[②]作为主要组成部分的数字产业逐渐成为全球经济发展的新动能，平台经济所带来的新技术、新业态、新模式为全球发展注入了强大生命力，因而平台往往为世界各国所重点培育和扶持，并逐渐形成体量巨大的头部企业。但是，互联网所特有的规模经济、范围经济以及大数据特性使得平台市场产生了巨大的进入壁垒，市场资源加速向头部平台集中，“二选一”“大数据杀熟”等竞争现状使得“经营者集中”“拒绝交易”等垄断隐忧层出不穷。平台垄断问题已经关系到国家安全、政治安全、经济安全以及国计民生的稳定运行，国内市场存在的“内卷”型不正当竞争行为促使平台专注于对竞争对手的打压与消耗，忽视了海外市场的拓展与核心技术的研发。在当前国际形势处于大变局和转折点的背景下，国家战略布局培育大型企业参与国际竞争，以此提升国际软硬实力。显然，反垄断已成为关系全局的紧迫议题。

实践中，与平台垄断相关的热点事件逐步被公众关注并被列入监管部门管控处罚的范围，国家在有关政策和法律的顶层设计上也作出重要部署。2021 年 3 月 5 日，第十三届全国人大四次会议在人民大会堂开幕，备受关注的政府工作报告和“十四五”规划纲要（草案）均提出强化反垄断和防止资本无序扩张，支持平台创新发展、增强国

① “互联网经济”“新经济”“数字经济”“网络经济”“平台经济”在概念上稍有差异，本报告不对前述概念进行区分，除引用外（如国外立法），下文将统一使用“平台经济”一词。

② 除引用外，本报告统一使用“平台”一词，不再对“数字平台”“平台”“平台经营者”“平台企业”进行区分。

际竞争力。[①] 2020 年至今，国家连续密集出台了一系列有关促进和监管平台经济有序竞争与发展的相关政策（参见表 1.1），这表明国家将不断加强对互联网领域垄断行为的查处力度，以平台经济为核心促进其他产业的协同创新与高质量发展，已然成为事关“十四五”规划、第二个百年奋斗目标以及“双循环”发展的重要战略布局。

表 1.1　2020 年 9 月—2021 年 3 月中国发布的主要反垄断政策

发布日期	文件名称	发布机关
2020 年 9 月 11 日	《经营者反垄断合规指南》	国务院反垄断委员会
2020 年 10 月 13 日	《关于原料药领域的反垄断指南（征求意见稿）》	国家市场监督管理总局
2020 年 10 月 20 日	《网络交易监督管理办法（征求意见稿）》	国家市场监督管理总局
2020 年 10 月 23 日	《经营者集中审查暂行规定》	国家市场监督管理总局
2020 年 10 月 23 日	《国家市场监督管理总局关于禁止滥用知识产权排除、限制竞争行为的规定》（2020 修订版）	国家市场监督管理总局
2020 年 12 月 29 日	《最高人民法院关于审理因垄断行为引发的民事纠纷案件应用法律若干问题的规定》	最高人民法院
2021 年 2 月 7 日	《国务院反垄断委员会关于平台经济领域的反垄断指南》	国务院反垄断委员会
2021 年 3 月 5 日	《政府工作报告》	国务院
2021 年 3 月 11 日	《中华人民共和国国民经济和社会发展第十四个五年规划和 2035 年远景目标纲要》	全国人民代表大会

① 《政府工作报告——2021 年 3 月 5 日在第十三届全国人民代表大会第四次会议上》，载中国政府网，http：//www. gov. cn/zhuanti/2021lhzfgzbg/index. htm；《中华人民共和国国民经济和社会发展第十四个五年规划和 2035 年远景目标纲要》，载中国政府网，http：//www. gov. cn/xinwen/2021 - 03/13/content_ 5592681. htm，最后访问时间：2021 年 11 月 25 日。

同时，以欧盟、美国为代表的国家也在持续关注平台的涉嫌垄断行为，呈现监管常态化趋势。从 2010 年开始，欧盟、美国、韩国等地的反垄断机构相继对大型平台展开反垄断调查；2018 年开始，德国、欧盟、韩国等开始积极谋划针对平台经济的立法（参见表 1.2）。

表 1.2　近年来域外针对平台经济的立法

发布年份	国家/地区	法律名称	立法/修改要点
2017 年	德国	《反限制竞争法》第九修正案	多边平台经营者市场力量认定；经营者集中
2018 年	俄罗斯	《反垄断法案》第五版	算法共谋、经营者集中、市场支配地位
2019 年	日本	《关于提供个人信息等方面的数字平台运营商与消费者之间的交易中滥用市场优势地位的准则》	滥用市场优势地位
2020 年	日本	《数字平台交易透明化法案》	数字平台公开义务
2020 年	韩国	《在线平台公平中介交易法案》	平台和在线商店之间交易的透明度与公平性
2020 年	欧盟	《数字市场法案（草案）》	守门人理论
2020 年	欧盟	《数字服务法案（草案）》	非法内容及假新闻的传播
2020 年	印度	《竞争法（修订草案）》	经营者集中
2021 年	德国	《反限制竞争法》第十修正案	滥用相对优势地位、滥用市场力量；必需设施、经营者集中
2021 年	澳大利亚	《新闻媒体和互联网平台强制议价法案》	平台与新闻媒体利润再分配

在这些市场竞争现象和反垄断问题中，平台的“自我优待”（Self-Preferencing）行为引发域外实务界和理论界的关注。2018 年，经济合作与发展组织（Organization for Economic Cooperation and Development，OECD）竞争委员会召开“电子商务对竞争政策的影响”（Implications of E－commerce for Competition Policy）圆桌论坛，提出“歧视性杠杆

（Discriminatory Leveraging）”竞争损害理论，具体表现为平台通过对其他市场竞争者的歧视待遇（Discriminatory Treatment）从而将其市场力量扩展到相邻市场；① 2019 年，欧盟委员会发布《数字时代竞争政策报告》，指出平台自我优待行为是将平台的市场力量进行杠杆传导的体现；② 2020 年美国众议院司法委员会发布《数字市场竞争调查报告》，指出禁止平台利用歧视手段达成利己目的。③ 立法方面，《数字市场法案（草案）》提出“守门人”（Gatekeeper）理论，将大型平台定位为具有制定市场准入门槛的能力的“市场守门人”，并针对这类平台提出了“守门人法规”以约束“自我优待”行为。

我国平台在竞争过程中，也存在一定程度的“自我优待”的现象。然而，针对平台经济领域垄断问题的《国务院反垄断委员会关于平台经济领域的反垄断指南》（以下简称《反垄断指南》）并未回应这一问题；以传统价格分析为基准的传统反垄断理论与制度更是难以解决平台竞争中不断产生的垄断问题。公平有序竞争是平台经济有序发展的关键，以平台自我优待行为作为抓手的规制路径为平台经济背景下拒绝开放端口、拒绝兼容其他软件等涉嫌垄断的行为提供了新思路。在平台垄断问题常态化的趋势下，反垄断法作为维护市场竞争秩序的重要法律应当对此予以回应。

本报告通过介绍欧盟与美国等国家针对平台自我优待行为的规制经验，分析其在中国政策、立法、司法与产业发展现状语境下的效果与困境，以此为基础探讨我国反垄断法修改与未来相关执法中对平台自我优

---

① See Organisation for Economic Co – operation and Development：Implications of E – commerce for Competition Policy，OECD，https：//www. oecd. org/daf/competition/e – commerce – implications – for – competition – policy. htm，2021 – 3 – 10.

② See Jacques Crémer，Yves – Alexandre de Montjoye&Heike Schweitzer，“Competition Policy for the Digital Era：Final Report”，Luxembourg：Publications Office of the European Union，2019，p. 7.

③ See The House Judiciary Committee’s Antitrust Subcommittee，Investigation of Competition in Digital Markets，Investigation of Competition in Digital Markets，U. S. House Committee On The Judiciary，https：//judiciary. house. gov/uploadedfiles/competition_ in_ digital_ markets. pdf，2021 – 3 – 10，p. 382.

待行为的有效规制方法，从立法理念、立法模式、分析框架以及监管模式角度提供一个清晰的思维框架。当前，全球正处于动荡与变革的转折点，平台是大国博弈的重要抓手，是科技革命、经济发展与改善民生的主要推动者与实施者，国家在鼓励、规制、反垄断三者之间应找寻平衡点，创新监管方式与体制，尽可能多采取、优先采取行为规制等相对稳妥的有效举措，以更好地解决当前反垄断法在互联网领域的实施难题，从而规范行业秩序、促进平台经济长远健康发展。

二、域外经验：平台自我优待行为的实践考察

平台经济是产业数字化转型的重要载体，是经济新形势下为实体经济加油赋能的重要工具。但是，平台的自我优待行为所导致的封闭生态对整体产业发展的不利影响是显而易见的，市场失活、寡头聚合等现象早已不是简单地侵害消费者权益，而是会危及更高层面政治、经济的稳定运行。在这一点上，欧美等国家、地区已率先意识到并着手解决。

（一）欧盟

1. 欧盟委员会对“平台自我优待”的理解①

2019 年，欧盟委员会（以下简称欧委会）发布《数字时代竞争政策报告》（以下简称《政策报告》），指出当某平台与使用该平台的其他竞争者在提供产品或（和）服务②时，对平台自己的产品给予优惠待遇的行为被称为“自我优待”。欧委会认为自我优待行为是平台杠杆化市场支配力的一种表现形式，是将其市场力量进行杠杆传导的一种特殊技术。实践中，一些企业可能会杠杆化其市场力量到与之密切相关的市场，这种行为既可能出于进攻性动机（获得更大的收益），也可能出于

---

① See Jacques Crémer，Yves – Alexandre de Montjoye&Heike Schweitzer，“Competition Policy for the Digital Era：Final Report”，Luxembourg：Publications Office of the European Union，2019，pp. 7 – 76.

② 除特殊语境外（如“比较购物服务”），以下均用“产品”指代“产品和（或）服务”。

防御性动机（防止竞争对手从相邻市场进入其核心市场）。就平台而言，其可以借助其网络外部性以及数据的获取特权进入相邻市场并获得竞争优势。

对于平台自我优待的危害性及平台义务，《政策报告》认为应当进行合理区分。首先，平台市场力量的传导并非当然有害，若数据的共享使得搭售是有效率的，那么包括数据互操作性在内的数据共享政策可以促进市场公平竞争；如果占支配地位的平台把对消费者数据和网络外部性的控制力较强的产品与这些因素所起作用较小的其他产品捆绑在一起销售，则此种捆绑销售的效率微乎其微，执法应当严格。其次，自我优待行为本身并不构成支配地位的滥用，但需要进行效果测试——是否阻碍了竞争和创新。然而，对于垂直整合的拥有市场支配地位的平台，其自我优待行为不仅可以在“必需设施”（Essential Facility）原则所规定的先决条件下构成滥用，而且可以在可能导致市场力量传导的情况下构成滥用，且无法基于促进竞争的理由进行抗辩。在存在很高的市场进入壁垒且平台作为特别相关的中介性基础设施的市场中，《政策报告》建议，在平台扮演管理者角色的范围内，它应承担责任去证明自我优待不会对产品市场产生长期排他效应。另外也应考虑到，一些并非占于支配性地位的平台也扮演着规则制定者的角色，但是，只要它们受到竞争约束，就不需要广泛的通用规则。在所有平台上强加影响深远的行为规则，无论其市场势力如何，都是不合理的，因为许多类型的行为（包括潜在的自我优待行为）可能会产生竞争优势。

对于针对平台自我优待的救济方式，《政策报告》也提出了不同的见解。欧盟1/2003号条例第7条规定执法机构在适用“比例原则”的基础上采取行为救济和结构性救济措施。《政策报告》认为，此种救济难以规制平台通过自我优待方式从而构成滥用市场支配地位的行为。行为救济涉及对排名算法（ranking algorithm）的重新设计或采取基于绩效的标准，前者对于竞争执法当局来说难以处理，后者可能给竞争管理机构带来新挑战。此外，由于当局的决定总是缓慢滞后，因此难以实现救济的效果。结构性救济即对垂直整合平台的分拆，包括法律分拆、业务分拆、信息分拆、所有权分拆等方式。《政策报告》认为，与传统基础设施（例如铁路，能源网络）相比，平台在下游市场竞争的成本可能会很高，目前尚不明确对平台进行分拆的成本收益结果，且考虑到可能存在其他有效规制自我优待行为的救济方式，结构性救济不应被广泛使用。此外，《政策报告》提出恢复性救济措施，即该救济措施应当使以前处于不利地位的市场竞争者重新获得平等的竞争力，如使其他竞争者访问平台相关数据资源，或者通过其他方式弥补由于平台优待行为而丧失的数据访问权限。

2. 主要立法

根据前述《政策报告》，规制平台自我优待行为所涉及的法律规定主要是《欧盟运行条约》（Treaty on the Functioning of the European Union，TFEU）第102条，即具有市场支配地位的平台实施自我优待行为后，若该行为导致平台市场力量传导至另一市场且没有抗辩理由，该行为将构成市场支配地位的滥用。值得注意的是，欧委会倾向于将举证责任施加给平台，要求其证明自我优待行为不具有排除、限制竞争的效果。

《新在线中介服务条例》［The P2B Regulation（EU）2019/1150］第5条与第7条通过界定平台义务对“搜索排序算法”和“差别对待”进行了规定。具体而言，第5条规定，平台应以平白清晰的语言说明其使用的排序算法；第7条规定，平台在任何优待自己的产品的情况下，都应对所有差别对待措施进行解释说明。然而，在执法层面，尽管该条例明确了监管措施，但对于具体程序缺乏进一步阐明；而在适用范围层面，该条例也没有明确如何区别及确定所涉产品是由平台主动向消费者提供，还是消费者偶然发现所得。

《数字市场法案（草案）》〔Digital Markets Act［2020/0374（COD）］，DMA〕作为全面回应平台经济背景下垄断问题的法律文件，对“数字平台”及“自我优待”行为均作出了相关规定。DMA指出，数字平台作为“守门人”（Gatekeepers），其通常提供一种核心产品，并利用交叉网络效应不断扩展自身平台生态系统，通过直接接触终端消费者从而（期望）占据市场主导地位。此外，DMA 在序言第 49 段对 Regulation（EU）2019/1150 序言第 30 段进行了细化和补充，DMA 要求平台不得以任何方式在其核心平台产品中，通过法律、商业或技术手段，优待（偏袒）自己的或其控制的商户的产品；在涉及排序服务时，DMA 指出排序应涵盖各种形式的突出显示，包括展示、评分、链接或语音搜索结果，平台应当确保使用的排序条件大体上公平，同时应当避免使用可以达到同等效果的手段。另外，DMA 还细化了委员会的调查、执法和处罚等程序。

值得注意的是，2021 年 1 月 19 日，德国《反限制竞争法》第十修正案正式生效。该法案针对超大型数字平台的跨市场竞争行为，[①] 修改了滥用相对优势地位条款，并增加了“企业滥用市场力量行为”。该法案要求在认定市场经营者市场支配地位时，应当特别考虑“竞争性敏感信息”等因素，并引入中介权力的概念，适当考虑多边市场的中介功能和影响力。总体而言，德国此次的修法可以更有效地规制平台经济领域的垄断行为，有利于缓和平台经济和传统竞争制度的矛盾，其中对认定平台市场力量的理念与技术值得我国借鉴与参考。

---

① 参见德国《反限制竞争法》第十修正案第十九条 a 款（部分）：如果联邦卡特尔局根据第一分节确认某企业具有显著跨市场影响（der überragenden marktübergreifenden Bedeutung eines Unternehmens für den Wettbewerb）时，其可以禁止该企业：在提供采购和销售市场准入时，与竞争者的投标相比，对自己的投标给予优惠待遇，特别是不允许在表述上对自己的报价给予优惠待遇以及在设备上专门预装自己的推销产品，或以任何其他方式将其整合到公司的推销产品中；如果该公司的活动对进入采购或销售市场很重要，其采取阻碍其他公司在这些市场上的业务活动的措施，特别是采取措施导致其他公司产品的预安装或集成或拒绝接收其他公司的要约、防止其他公司通过他们自己的要约做广告或使他们很难通过其提供或安排的访问以外的手段来接触客户；通过处理该企业收集的竞争性敏感数据，或要求允许进行此类处理的条款和条件，制造或大幅增加进入壁垒或以其他方式阻碍其他企业；拒绝或阻碍产品/服务的互操作性或数据的可移植性，从而阻碍竞争；对另一公司的要约待遇提出与要求不相称的好处；等等。在考虑企业对于跨市场竞争是否具有显著影响力时，应当考虑：该企业在一个或多个市场的主导地位；其财务实力或获得其他资源的机会；其纵向一体化及其在其他相关市场的活动；其获取竞争性敏感信息的机会；其活动对第三方进入采购和销售市场的重要性，以及其对第三方业务活动的相关影响。

3. 执法情况：A 公司搜索引擎案①

欧盟法域内，A 公司的行为一直是欧委会反垄断机构关注的重点，这也成为研究域外反垄断，尤其是研究平台自我优待行为的重要资料。以下本报告结合欧委会等官方及媒体公开的执法资料，对 A 公司搜索引擎案进行简单梳理。

（1）A 公司自我优待行为

A 公司的旗舰产品是 G××××× 搜索引擎，它可以向以自己的数据付费的消费者提供搜索结果。当人们搜索信息时，A 公司的互联网搜索引擎会提供两种类型的结果，分别是无偿搜索结果，有时也被称为“自然”“有机”或“算法”的搜索结果，以及在搜索结果页面的顶部和右侧显示的第三方广告（所谓的付费搜索结果或赞助商链接）。A 公司几乎 90% 的收入都来自广告，如它针对搜索查询显示给消费者的广告。

2004 年，A 公司进入欧洲的比较购物市场，该产品最初称为“Fr×××××”，于 2008 年更名为“G××××× Product Search”，自 2013 年以来一直被称为“ G××××× Shopping”。它使消费者可以在线比较产品和价格，并从各种类型的在线零售商那里寻求交易，包括制造商的在线商店、平台以及其他转售商。当 A 公司通过 Fr××××× 进入比较购物市场时，已经有许多老牌公司。当时的证据表明，该公司意识到 Fr×××××的市场表现相对较差（2006 年的一份内部文件指出“Fr××××× 根本不起作用”）。

比较购物服务在很大程度上依靠流量来提高竞争力。更多的流量导致更多的点击并产生收入。此外，更多的流量也吸引了更多希望通过比较购物服务列出其产品的零售商。考虑到 A 公司在一般互联网搜索中的主导地位，其搜索引擎是比较购物服务的重要流量来源。

① See CASE AT. 39740, G××××× Search (Shopping), https: //ec. europa. eu/competition/antitrust/cases/dec_ docs/39740/39740_ 14996_ 3. pdf; T－612/17, G××××× and Alphabet v Commission (G××××× Shopping), https: //curia. europa. eu/juris/liste. jsf? language = en&num = T－612/17.

从2008年开始，A公司开始在欧洲市场实施战略上的根本改变，以推动其比较购物服务。该策略依靠A公司在一般互联网搜索中的优势，而不是在比较购物市场的优缺点上进行竞争：A公司会系统地将自己的比较购物服务放在显眼位置，并在搜索结果中降低竞争对手的比较购物服务。有证据表明，即使排名最高的竞争对手服务也平均仅出现在A公司搜索结果的第四页上，而其他服务的排名甚至更低。A公司自己的比较购物服务不受A公司通用搜索算法（包括此类降级）的约束。因此，与竞争对手的比较购物服务相比，A公司的比较购物服务在搜索结果中对消费者而言更为明显。证据表明，消费者在可见度更高的结果上点击的频率更高，即导致在搜索结果中的排名更高。A公司的违法行为导致其比较购物服务的访问量大大增加，而竞争对手却持续遭受了很大的访问量损失。

（2）欧委会相关回应①

第一，发起调查阶段。2010年11月30日，欧委会就决定发起对A公司滥用在线搜索市场支配地位的反垄断调查，其涉嫌违反《欧盟运行条约》第102条。投诉者称，其服务在A公司的无偿赞助搜索结果中受到不利待遇，另外A公司对自身服务设置了优先位置。

第二，异议声明阶段。2015年4月15日，欧委会向A公司发出异议声明（Statement of Objection），其初步结论认定，在欧洲经济区范围内，A公司因在搜索结果中优待自己的产品从而违反了《欧盟运行条约》第102条。② 在异议声明中，欧委会初步认定：③（1）不论其优点

① 杨坚琪：《A公司在欧洲：欧盟运行条约（TFEU）第102条视角下的A公司垄断行为分析》，载《竞争政策研究》2017年第1期。

② 异议声明是委员会调查涉嫌违反欧盟反托拉斯规则的正式步骤：委员会以书面形式通知有关各方对他们提出的反对意见。收件人可以审查委员会调查文件中的文件，以书面形式作出答复，并请求在委员会代表和国家竞争管理当局面前就案件提出意见。委员会只有在各方行使其辩护权后才能作出最后决定。A公司有10周的时间回应“异议声明”，也可以请求正式的听证。

③ See The European Commission，Antitrust：Commission sends Statement of Objections to G×××××on comparison shopping service，European Commission website，https：//ec. europa. eu/commission/presscorner/detail/en/MEMO_ 15_ 4781，2021 -3 -10.

如何，A 公司都会在其常规搜索结果页上系统地定位并突出显示其比较购物服务，该行为始于 2008 年；（2）A 公司不会对自己的比较购物服务应用惩罚机制，[①] 而是根据定义的参数将其应用于其他比较购物服务，这可能导致其在常规搜索结果页中的排名降低；（3）A 公司的第一个比较购物服务 Fr ××××× 并未从任何优惠措施中受益，并且表现不佳。由于 A 公司系统地支持其后续比较购物服务“G ××××× Product Search”和“G ××××× Shopping”，二者均实现了较高的增长率，从而损害了竞争对手的比较购物服务；（4）A 公司的行为会对消费者和创新产生负面影响。这意味着用户不一定会根据他们的查询看到最相关的比较购物结果；由于竞争对手知道，无论其产品的质量有多好，他们都将无法从与 A 公司产品相同的优势中受益，因此竞争对手创新的动力会降低。

第三，罚款。[②] 2017 年 6 月 27 日，欧委会作出了对 A 公司处以 24.2 亿欧元罚款的决定。欧委会决定要求 A 公司在裁决后的 90 天内停止其非法行为，并避免采取具有相同或同等目的或效果的任何措施。特别是，该判决书命令 A 公司遵守对竞争对手的比较购物服务及其自身服务给予同等对待的简单原则：（1）A 公司必须采用与提供自己的比较购物服务相同的过程和方法来在搜索结果页面中定位和显示竞争对手的比较购物服务。（2）A 公司承担确保合规性的唯一责任，并由 A 公司解释其打算如何遵守。无论 A 公司做出哪种选择，委员会都将密切监视 A 公司的合规性，并且 A 公司有义务（在决定之日起 60 天内，其后是定期报告）随时将其行动知会委员会。（3）如果 A 公司不遵守委员会的决定，则将承担不达标付款（Non - compliance Payments），该款

① 惩罚机制是搜索引擎维护正常互联网秩序的一个手段，主要有整站删除、核心关键词被罚、所有关键词排名全部下降等。

② See The European Commission, Antitrust: Commission fines G ××××× 2.42 billion for abusing dominance as search engine by giving illegal advantage to own comparison shopping service, European Commission website, https://ec.europa.eu/cyprus/news/20170627_en, 2021 - 3 - 10.

项最高可达A公司的全球平均每日营业额的5%。委员会将必须在单独的决定中确定此类违规行为，并将任何付款追溯到违规行为开始的时间。2020年2月，A公司宣布对欧委会2017年的处罚决定进行上诉。

（二）美国

1.《数字市场竞争调查报告》[①]

2020年10月6日，美国众议院司法委员会发布了一份关于A公司、B公司及C公司等平台是否违反反垄断相关法律的调查报告——《数字市场竞争调查报告》。此报告是众议院司法委员会下属的反垄断小组委员会进行的为期16个月的调查结果，也是几十年来国会委员会首次进行的重大反垄断调查。报告篇幅长达449页，详细介绍了每家公司的垄断和反竞争行为，提出了复兴数字经济市场竞争、恢复及强化反垄断法的改革建议。其中，在复兴数字经济市场竞争部分，报告提出禁止平台利用歧视手段达成利己目的。

（1）A公司

在A公司提供的搜索产品方面，[②] 其自我优待体现为在提供垂直产品时，使其自身的产品享有特权，同时降级了竞争对手的产品。具体而言，在其搜索结果中，A公司通过将自身的产品放置于显著位置、实行不适用于自己产品的搜索引擎惩罚措施等行为，使得这些产品的访问量得以增加——即使这些产品对用户而言并非最佳或最相关，并将竞争对手从索引中删除。甚至在“搜索服务”构想早期，A公司高管就开始探索如何使用通用搜索来显示“结果页面促销”，以“引导访问量”到

① See the Subcommittee on Antitrust: Investigation of Competition in Digital Markets, pp. 174 – 246.

② 美国联邦贸易委员会（FTC）曾在2013年对A公司的反垄断行为开展调查，其中包括搜索偏见（Search – Bias）问题，调查得出的结论是“A公司并不构成反竞争，即使有一定程度的搜索偏见，也并不足以限制竞争、阻碍创新，竞争者的利益受损只是基于产品品质竞争的附带后果，而这是竞争法所提倡的。总的来说，A公司并没有明显的反竞争性”。See Statement of the Federal Trade Commission Regarding G×××××'s Search Practices In the Matter of G××××× Inc., FTC File Number 111 – 0163 (January 3, 2013)。

其他自家产品。此外，A 公司还通过将用户保留在 G××××× 域名上更长的时间，并迫使降级的公司向 A 公司支付更多广告费用来吸引用户，从而提高 A 公司的广告收入。这些自我优待行为除了增加竞争对手的成本、阻碍创新（很多投资者不愿意投资给依赖于 A 公司流量的公司，这些公司也没有动力去创新）之外，还存在挪用商业敏感性信息的风险，其擅自改变网站排序的行为也使得网站所有者处于持续忧虑之中。

除了搜索引擎，为了巩固其支配地位，A 公司还投资开发手机系统，并通过收入分成合同要求智能手机或其他移动电子设备制造商预安装 A 公司的产品，其中包括它的一些 APP——所谓的必备软件，A 公司将预装必备软件的清单从原来的十几个扩展到三十个；还要求保证自己的软件是默认以及排他的搜索引擎，从而杠杆化其在搜索领域的支配地位到硬件以及软件市场当中。

A 公司似乎也在通过许可协议来阻止移动设备制造商与替代移动操作系统进行合作；同时要求硬件合作伙伴同意，不在其他硬件产品上运行系统未经认可的版本，任何违反此条件的制造商都可能会失去在所有制造商设备上访问 G××××× Play Store 和其他流行应用的权限。

另外，在地图方面，A 公司主要通过合同限制来自我优待。由于 A 公司提供了地图服务，而且提供了使用地图作为输入的非地图产品，因此 A 公司可以有选择地降低依赖于其地图产品的第三方的访问权限，从而不利于第三方作为其非地图产品的竞争对手。例如，市场参与者指出，A 公司在许可协议中增加了各种限制，这些限制适用于第三方开发人员，但不适用于 A 公司自己的竞争产品。比如地图缓存，API 协议禁止了地图缓存（但不适用于 A 公司自己的产品），从而使得第三方服务或产品的加载速度慢得多，削弱了其竞争力。

（2）B 公司

其一，B 公司在其购物网站中的自我优待行为体现在以下四个

方面：[1]

第一，B公司利用其中介地位，通过控制黄金购物车（buy box）[2]以及赋予自己排他的对数据和工具的访问权限，给予自己优惠待遇。

第二，控制竞争卖家和其他类型竞争者的关键输入（Critical Inputs），包括客户数据、履行和交付服务和其他市场工具，给予自己超出竞争者的优势地位。

第三，访问市场数据。B公司具有访问有关客户行为和偏好数据的排他性特权。如果有些数据提供给竞争对手，也只是陈旧的和不精准的，甚至存在不相关以及误导的情况；那些想要获得数据库访问权限的竞争者则需要支付一笔非常可观的费用。

第四，市场工具。一是产品评论生成项目（A××××× Vine）[3]，在一些商家为了获得好评而使用对评论客户（即Vine计划的reviewer）的不当激励手段、产生虚假评论/测评后，B公司就取消了卖家进入此计划的权限；同时禁止使用除了它自己所使用的以外的激励评论的手段。在这两个方面，B公司取得了相对于其他卖家的显著推销优势。二是B公司宣布将延迟对非必需品的物流，但是证据表明，B公司并没有把这种政策用在自己的“非必需品”上。

其二，B公司拥有最大的第三方技术语音应用程序以及其自身提供的代表流行的语音助手应用程序，其自我优待行为主要体现在，通过语音助手的算法设计和业务模型，客户在语音购物中通常被有针对性地推销B公司自身提供的产品，使得第三方产品的销售份额比在B公司购

① See the Subcommittee on Antitrust: Investigation of Competition in Digital Markets, pp. 247－328.

② 商家会在B公司的网站上抢占最方便的购物位置，买家可以一眼看到商家的产品从而增加商家的销量。

③ A××××× Vine是B公司创建和管理的产品评论计划。B公司邀请一组精选客户加入他们“Vine Voices”计划。评审员排名取决于客户在一段时间内发布产品评论数量以及来自其他客户的投票，表明该特定评论者提供了有用且值得信赖的产品评论。Vine Voices参与者可获得免费产品，以换取他们公正和诚实的产品评论。

物网站中的销售额下降。[①]

其三，在B公司网页服务方面，AWS管理控制平台提供开源软件产品，一些小企业因为便利而更多地从AWS购买软件服务。因为这与B公司提供的其他服务相关联，而管理原始版本开源软件的公司不能使用这些功能。

（3）C公司

C公司的自我优待行为体现在：第一，其通过应用发布平台和操作系统收集竞争性的商业敏感信息（如使用应用的客户偏好、人口特征），并将应用商店中具有竞争力、较为流行的应用优势吸收到自己开发的应用中，与潜在竞争者竞争；第二，在协议中禁止开发者复制他人的创新想法，包括其认为是盲目跟风以及侵犯知识产权的行为，否则无法进入其旗下商店，但是不适用于C公司自己开发的应用。

（4）行为分析与改革建议

上述科技公司在具体的业务上有所不同，但是却有一般性的问题。首先，每个平台现在都充当关键分销渠道的信息守门人。通过控制市场准入，这些巨头可以选择整个经济中的赢家和输家。它们不仅拥有巨大的权力，而且通过收取高昂的费用、施加压制性的合同条款以及从依赖它们的人和企业中提取有价值的数据来滥用权力。其次，每个平台都利用其信息守门人的位置来维持其市场地位。通过控制数字时代的基础架构，他们对其他企业进行了监视，以确定潜在的竞争对手，并最终买断、复版或消除了他们的竞争威胁。最后，这些公司滥用了其作为中介的角色，以进一步巩固和扩大其统治地位。

自我优待行为是平台为加强其支配地位所采取的其中一种行为。根据报告，自我优待行为也同样被认为是平台杠杆化其支配地位到相邻市场当中占据竞争优势的一种手段或表现。在赢者通吃、市场集中的信息市场结构中，具有信息守门人地位的支配性平台，拥有过大的控制其他

---

① See the Subcommittee on Antitrust: Investigation of Competition in Digital Markets, p. 329.

经营者生死的权力，比如由于缺少选择空间，处于不利地位的经营者只能忍受压制性合同条款带来的更高成本；这种对平台的依存关系给他们的业务带来内在的风险。当这些平台开始垂直性整合时，既能成为第三方公司的主要中介，也直接充当着第三方的竞争对手，两种身份的合一令人担忧。

对此，报告提出了一系列改革建议，其中包括“非歧视要求，禁止支配性平台进行自我优待，并要求它们为同等产品提供同等条件”。体现非歧视性原则的法律法规如1887年的《州际贸易法》禁止铁路歧视；由美国联邦通信委员会（FCC）于2015年签署的《开放互联网命令》实际上也是一种非歧视性制度，禁止互联网服务提供商从内容提供商和其他用户中选择赢家和输家。①

小组委员会建议国会考虑，平台通过技术手段等措施对其产品进行设计变更的行为，不论该行为是否有利于消费者，若该行为产生了排除竞争者或破坏竞争的后果，是否将违反《谢尔曼法》第2条的规定。②此外，报告提出强化《谢尔曼法》第2条和《克莱顿法》第7条的效力。

2020年10月，美国司法部对A公司提起反垄断诉讼，指控的事项包括A公司搜索结果页面的排序的自我优待等行为。③

---

① 此法案中有关网络中立性的原则在特朗普任期内被FCC废除，而美国众议院司法委员会对其持认可态度。

② See The House Judiciary Committee's Antitrust Subcommittee, Judiciary Antitrust Subcommittee Investigation Reveals Digital Economy Highly Concentrated, Impacted By Monopoly Power, U. S. House Committee On The Judiciary, https://judiciary.house.gov/news/documentsingle.aspx? DocumentID = 3429, 2021-3-10.

③ See Justice Department Sues Monopolist G××××× For Violating Antitrust Laws: G××××× Complaint, U. S. Department of Justice, https://www.justice.gov/opa/press-release/file/1328941/download; Department of Justice Office of Public Affairs: Justice Department Sues Monopolist G××××× For Violating Antitrust Laws, U. S. Department of Justice, https://www.justice.gov/opa/pr/justice-department-sues-monopolist-G×××××-violating-antitrust-laws, 2021-3-10.

2. 诉讼实践①

2020 年 12 月 9 日，美国联邦贸易委员会（Federal Trade Commission，简称 FTC）起诉某书（××××book），指控该公司通过长达数年的反竞争行为非法维持其个人社交网络垄断地位。在与 46 个州、哥伦比亚特区和关岛的总检察长联盟合作进行了长时间的调查后，FTC 的申诉书指控某书采取了系统性的策略，包括 2012 年收购新晋竞争对手 Ins××××××，2014 年收购移动消息应用 What××××，以及对软件开发商施加反竞争条件，以消除对其垄断地位的威胁。这种行为过程损害了竞争，让消费者在个人社交网络方面选择减少，剥夺了广告商的竞争利益。

在反竞争行为方面，FTC 认为，多年来，某书对第三方软件开发者获取其平台的极具价值的互联条件（如允许开发者的应用程序与某书连接的应用程序接口（“API”），施加了反竞争的条件。据称，某书向第三方应用程序提供关键 API 的条件是，被提供者不得开发竞争性功能，且不得与其他社交网络服务连接或推广。

为了实行这些政策，某书切断 API 访问权限，以削弱来自竞争对手的个人社交网络服务、移动消息应用和其他具有社交功能的应用的竞争威胁。例如，2013 年，Twi××××推出应用“Vi××”，允许用户拍摄和分享短视频片段。作为回应，某书关闭了允许 Vi××通过某书访问好友的 API。

（三）韩国

韩国竞争执法机构公平交易委员会（KFTC）于 2020 年 5 月公开表示，现行《滥用市场支配地位行为审查基准》和《不公平交易行为审查指南》均不能很好地适用于具有双边市场特征的在线平台领域，因

① See FTC Sues Facebook for Illegal Monopolization，Federal Trade Commission，https：//www. ftc. gov/news - events/press - releases/2020/12/ftc - sues - facebook - illegal - monopolization，2021 - 3 - 10.

此为提高在线平台领域案件处理的严谨性、提高执法的可预测性，要专门制定适用于在线平台领域的执法指南。为此，KFTC 还以在线平台领域的相关市场界定、市场支配力的判断标准、限制竞争性的判断基准以及平台自我优待行为、阻碍用户多归属行为、要求最惠国待遇行为等新型行为类型的违法性判断基准等课题为研究对象，专门组建了指南筹备特别研究小组。

结合近期韩国的立法动向和执法进展来看，在平台经济的竞争治理方面，适时调查归纳平台领域具有典型性的争议竞争行为，研讨探明行为的违法性认定标准，对我国的平台经济竞争法治、竞争监管执法和企业合规治理都具有重要启示意义。

1. 执法情况①

2020 年 10 月 7 日，韩国公平贸易委员会（KFTC）宣布对 Na ××× 采取纠正措施和罚款。首先，KFTC 决定对 Na ××× 有限公司发出纠正令并处以 13.2 亿韩元罚款，禁止其合同内容提供商向第三方提供房产销售信息。具体来说，Na ××× 通过施加禁止向其他平台泄露待售房源信息的条款，阻止内容提供商与其竞争对手 Ka ××× 公司达成交易。这使得 Ka ××× 公司几乎不可能进入在线房地产市场。此外，韩国公平贸易委员会还对 Na ××× 采取了纠正措施，因为 Na ××× 操纵其购物和视频服务搜索算法，将自己的服务（Sma ×× Store 的产品和 Na ××× TV 的内容）放在搜索结果的顶部，而降低竞争对手销售的产品的排名。

KFTC 还对 Na ××× 的购物服务和视频服务分别处以 265 亿韩元和 2 亿韩元的罚款。KFTC 认为，Na ××× 通过操纵搜索结果和排名，欺骗了信任搜索结果的消费者，同时也阻碍了网络市场和视频平台的竞争。这是 KFTC 首次对具有双重角色的平台运营商通过操纵和调整有利于自

① See Anti－monopoly Division, KFTC Imposes Corrective Measures on Na ××× for Favoring Its Own Real－estate Search, Shopping, and Video Services over Competitors, Korea Fair Trade Commission, https://www.ftc.go.kr/solution/skin/doc.html?fn=508d97db636c2f7f0961bf6361cfd44f09977d1a7a-06f4dd5603f17c11d61013&rs=/fileupload/data/result/BBSMSTR_000000002402/, 2021－3－10.

己的搜索算法，对自我优待搜索结果实施纠正措施。KFTC 的决定传递的明确信号是，对于搜索引擎来说，如果影响市场竞争，以下行为可能构成违反《垄断条例》和《公平贸易法》的行为：（1）在确定其搜索结果的排名时给自己的产品加分；（2）改变搜索算法，并且不将这种改变通知其竞争对手。

2. 立法动态①

出于现实需要和既有立法的适用短板，借鉴欧盟及美国的立法、执法实践，2020 年 9 月 28 日，KFTC 预公布了《在线平台公平中介交易法案》的立法提案。该法案的核心原则是提高平台和在线商店之间交易的透明度和公平性；为自愿和互惠合作奠定体制框架和建立迅速的争议解决机制，使平台和在线商店可以共同成长；考虑到平台业务的快速变化性质，其旨在制定新的评估不公平行为的标准、引入软法工具，同时确保一个平衡的监管框架，以防止扼杀创新。

总体来说，此部法案对平台施加的责任较为宽松。第一，法案明确规定，必须在书面合同中写明一系列必要条款，其中就包括平台有关自我优待的情况。第二，严格限定了适用的主体范围，以下主体不属于该法案的适用范围：（1）非通过在线平台提供中介服务的（如通过面对面、邮件、电话、传单等提供中介服务）；（2）经营者是非交易平台（例如纯社交网络平台等）；（3）平台本身是销售商品和服务的交易方；（4）平台经营者只提供支付服务等，对于交易来说是必需的；（5）经营者是纯 B2B 或 C2C 平台；（6）平台经营者为与之没有合同关系的消费者提供中介服务（例如搜索引擎等）——这就将 A 公司等企业排除在外。第三，设置了罚款上限②并严格限制了刑事责任的适用。③ 第四，

---

① See 공정위,「온라인플랫폼공정화법」제정안입법예고, Korea Fair Trade Commission, https://www.ftc.go.kr/solution/skin/doc.html?fn=f464f3343fb35c58c3185957bc8604232a5f5bb6e59801ae188f8f4c734b396a&rs=/fileupload/data/result//news/report/2020/, 2021-3-10.

② 例如，违法者将被处以最高两倍于违规数额的罚款或最高 10 亿韩元的固定罚款。

③ 刑事处罚的前提是具有高度可处罚性，如报复行为或不遵守纠正令。滥用优势谈判的情况将免于刑事处罚。

采取同意解决（consent resolution）机制，即允许平台自愿处理和纠正任何违法行为。

（四）理论界争议

对于平台自我优待行为是否属于垄断行为或是否具有限制竞争效果，不同学者对此看法各异。一派学者认为，（部分）平台自我优待行为具有限制竞争的效果，并对此归纳出平台应当承担的义务与法律责任（支持的意见）；另一派学者认为，没有足够的证据证明平台的自我优待行为能够限制竞争（反对的意见）。

1. 支持的意见

平台自我优待行为本身涵射的具体行为很多。以搜索引擎为例，Gianluigi Fioriglio 认为，其一，搜索引擎作为数字信息的守门人，法律必须规范搜索、使得搜索引擎以中立的和非歧视的方式工作，否则信息社会将会更多地由“Dictatorship of Algorithm”来控制；其二，尽管搜索结果的呈现作为一种言论表达应当受到保护，但也应与“不使他人受伤”这一价值相互平衡；其三，搜索服务提供者应当补偿搜索偏见所带来的损失；其四，在搜索中被索引且被正确地列出是搜索准确性的内在要求，（平台）应当遵循客观、中立、非歧视的要求。此外，Gianluigi Fioriglio 还提出了一些解决措施，包括如透明度要求、分析搜索引擎所基于的推理——可以通过开源软件使用的普及实现。①

Michael Luca，Tim Wu 和 Yelp Data Science Team 通过分析 A 公司案，认为 A 公司的自我优待行为排挤了竞争对手，损害了消费者的利益，并有损社会公共利益。根据他们的实证研究结果，平台用户更喜欢不被 A 公司故意选择过的搜索结果，即单纯基于品质进行排名的搜索结果。同时他们认为，一定程度的自我优待有利于创新和竞争，但是 A

① See Gianluigi Fioriglio，“Freedom，Authority and Knowledge on Line：The Dictatorship of the Algorithm”，Revista Internacional de Pensamiento Politico，Vol. 10，2015. pp. 405 -409.

公司的做法已经超出了合理限度，不应该排挤那些明显比自己好的产品。[①]

Laurine Signoret 认为，平台的自我优待会损害消费者的利益，限制他们自由开放的选择，但是损害消费者利益或社会公共利益本身是很难被证明的；其主张欧盟应按照数字市场的特点修订竞争法及其框架，并采取自我监管和多方合作监管结合的方式，让法律人、经济学家、数据专家、软件工程师都参与进来。对于前者，其认为 TFEU 第 102 条指导下的认定滥用市场支配地位的“两步分析法”不适用于变动较快且复杂的数字市场，而且很难在数字市场中找到合适的恢复竞争的方法，应灵活地认定相关市场和市场支配地位的构成，比如与其他较小从业者之间比较；此外，还应注意利用经济依赖性的概念以及滥用优越的谈判地位。对于后者，应在竞争法中引入共同监管，包括让特定行业的监管机构和相关利益相关者参与，可以通过公司内部的持续自我评估，并辅之以委员会的定期评估。[②]

Miroslav Jakab 认为，具体领域的条例比一般的竞争法规制更有优势，更适合解决平台自我优待问题，比如 Regulation（EU）2019/1150（The new Online Intermediation Regulation）。[③]

Bapu Kotapati 等人考察了 C 公司的自我优待行为，认为 C 公司对竞争对手的促销限制损害了竞争。具体而言，第一，其行为剥夺了客户得到有价值的促销信息的机会，阻碍他们增加对替代品的了解，从而助长价格竞争；第二，这些限制还迫使竞争对手寻求其他（而且可能更昂

---

① See Michael Luca, Tim Wu&the Yelp Data Science Team, Is G××××× Degrading Search? Consumer Harm from Universal Search, Berkeley Law, https://www.law.berkeley.edu/wp-content/uploads/2015/04/Luca-Wu-Yelp-Is-G×××××-Degrading-Search-2015.pdf, 2021-3-10.

② See Laurine Signoret, “Code of Competitive Conduct: A New Way to Supplement EU Competition Law in Addressing Abuses of Market Power by Digital Giants”, European Competition Journal, vol. 16 (2-3), 2020, pp. 3-26.

③ See Miroslav Jakab, “Effective Regulation, Legal Certainty and the Conundrum of Online Platform Self-Preferencing”, Charles University in Prague Faculty of Law Research Paper, No. 2020/I/2.

贵的）广告形式，从而增加了竞争对手的成本；第三，C 公司可以从下游竞争对手的表现中学习，并利用这些知识改进自己的产品，但竞争对手访问这些数据受到限制，从而导致竞争者的竞争成本得以增加；第四，随着消费者越来越依赖应用来提供重要服务，应用程序之间的竞争和更高的价格将越来越有害于消费者。①

Nicolo Zingales 从执法救济措施角度入手，认为法律仅仅要求平台满足透明度的要求和以平白易懂的语言公开和解释所适用的算法是不够的，救济措施的履行应当是反对形式主义的，有必要进一步考察排序算法的标准。同时其提出，可以使用以过失为基础的安全港规则对平台施加责任，并在适当的体制和程序保障下，对受到不相称和不合理影响的竞争者适用“通知和重新调整”的框架。此外，立法者还可以通过对那些有效影响消费者的算法设计规定尽职调查程序，确保占主导地位的平台不存在过失。例如，这种程序可以依靠既定的技术来检测是否存在偏见，并保留检测记录以供竞争或司法当局检查；甚至可以界定不利影响的门槛，以保证现有规则或标准的改变。②

Nicolas Petit 认为，现有的欧盟法律尤其是《欧盟运行条约》第 102 条为自我优待理论提供了实证法基础。其认为，追究平台自我优待的行为并不以满足必需设施原则为基础，而是可以直接从该条第 c 款找到依据，包括认定差别对待、搭售、不公平定价等。③

2. 反对的意见

Geoffrey A. Manne、R. Ben Sperry 和 Kristian Stout 在文章中批驳了前

---

① See Bapu Kotapati elt, “The Antitrust Case Against Apple”, Yale University Thurman Arnold Project, SSRN: https: //papers. ssrn. com/sol3/papers. cfm? abstract_ id =3606073, 2021 -3 -10.

② See Nicolo Zingales, “G ××××× Shopping: Beware of ‘Self - Favouring’ in a World of Algorithmic Nudging”, Competition Policy International - Europe Column (2018), SSRN: https: //ssrn. com/abstract =3707797, 2021 -3 -10.

③ See Nicolas Petit, “Theories of Self - Preferencing Under Article 102 TFEU: A Reply to Bo Vesterdorf”, Competition Law & Policy Debate 1 CLPD (2015), SSRN: https: //papers. ssrn. com/sol3/papers. cfm? abstract_ id =2592253, 2021 -3 -10.

述 Tim Wu 等人的观点，认为其对消费者利益的理解有偏差、报告的研究方法有问题、对经济学和法律的理解也不正确。其观点如下：第一，搜索偏见并非内在地反竞争，在市场中缺乏优势的公司的搜索偏见是有利于竞争的，但如果那些非支配地位的公司采取此措施，那么占支配地位的公司也采取搜索偏见是否就滥用了支配地位就不是一个简单的问题。客户可能恰恰需要的是比呈现事实更进一步的更加便利的选择推荐。第二，没有法律依据使得 A 公司有义务对待其他竞争对手，反垄断法保护的是竞争，而不是竞争者的异质性愿望清单（idiosyncratic wish lists）。①

前欧盟普通法院院长 Bo Vesterdorf 认为，第一，TFEU 第 102 条并不针对企业占有支配性地位这一事实，其规制的是支配性企业的行为。而占支配性地位的企业"competition on merits"是合法的，这种择优的竞争本身就意味着会有能力不足的企业离开市场或被边缘化。第二，在欧盟的法律中，只有那些控制必要而不可缺少的设施的公司才可以被要求与竞争对手交易，然而没有交易义务的公司偏向自己的业务并对竞争对手差别对待的行为不应构成滥用。第三，即使被认定为控制必要设施，在以下条件不满足时，也没有与竞争对手交易或给予竞争对手同样对待的义务：(1) 拒绝交易极有可能排除下游或相关市场的有效竞争；(2) 拒绝交易或不给予同等对待对消费者造成实质性损害，比如对新产品或创新的压制。第四，A 公司的搜索服务并不是必要设施，A 公司的自我优待行为也不会完全排除有效率的竞争，竞争对手可以单独或联合地以其他路径取得市场地位。第五，如果要求 A 公司以对自己产品同样的方式对待竞争对手，将是空前的对企业的限制，会阻碍创新。②

Friso Bostoen 和 Daniel Mândrescu 认为，C 公司的商店平台可能并

---

① See Manne, Geoffrey, Sperry, Ben&Stout, Kristian, "A Critical Assessment of the Latest Charge of G×××××'s Anticompetitive Bias from Yelp and Tim Wu (September 19, 2016)", ICLE Antitrust & Consumer Protection Research Program White Paper 2016 – 3, SSRN: https://ssrn.com/abstract = 2850665, pp. 18 – 27.

② See Bo Vesterdorf, "Theories of Self – preferencing and Duty to Deal Two Sides of the Same Coin", Competition Law & Policy Debate, Vol. 1, No. 1, 2015, pp. 4 – 9.

不构成市场支配性地位，因为其并没有阻止潜在的竞争者进入市场，而且既有竞争对手也有其他的方式取得对抗性的市场力量。但同时，其也承认竞争对手指控平台自我优待是有理由的，然而自我优待起初是一个容器术语，包含一系列行为，如拒绝提供、价格挤压、搭售和某些情况下的价格歧视，后来被欧盟法院通过判例认定为一种独立形式的滥用市场地位，与杠杆化市场地位这一概念联系起来，从而应受到 TFEU 第 102 条的规制。但作者认为，法院的这种认定有成文法上的问题，法院的解释空间过大，建议直接从第 102 条第 c 款找到依据——“与其他交易方在同等交易下采用不同条件，从而使他们在竞争中处于劣势”。另外，作者还指出，即使认定了平台的支配性地位以及自我优待行为，欧盟法院的判例也表明，后续还需证明的竞争损害的证明标准是较为严格的。①

Thomas Graf 和 Henry Mostyn 从 A 公司案及平等对待原则两个维度对平台自我优待行为进行了阐明。就该案而言，在 2017 年欧委会对 A 公司发出异议声明并要求采取补救措施后，很多控告者仍然对这些救济措施及其效果不满意，然而这些人的误区在于：（1）补救措施并不意味着会对竞争对手们的网站产生更多流量；（2）补救办法涉及拍卖；（3）补救措施并不包含恢复性元素。欧委会在查看了 A 公司的机密性资料之后也未发现任何阻止其降级（demotion）行为的基础，如果不允许使用降级算法，将不利于用户。就平等对待原则而言，应谨慎采取要求平等对待（equal treatment）的一般性规则。禁止不平等对待就其性质而言不是针对具体事实，而是适用于不同公司、不同行为、在不同领域的竞争。一刀切地适用平等对待原则可能会产生不必要的后果：阻碍纵向一体化（纵向一体化被经济学家假定为有效率）、消除协同增效作用、导致产品改进的延迟或封存。作为例证，Thomas Graf 和 Henry Mostyn 举

① See Friso Bostoen & Daniel Mândrescu, “Assessing Abuse of Dominance in the Platform Economy: A Case Study of App Stores”, European Competition Journal, Vol. 16, 2020, pp. 5 – 60.

出英格兰和威尔士高等法院的观点，对于A公司在结果页面上引入缩略图以回应基于位置的查询的行为，其认为这是“有利于竞争的”，是“无可争议的”产品改进。这种行为在客观上是合理的，因为显示竞争对手的地图会对搜索结果的质量产生“严重影响”，包括返回结果的延迟和不准确的地图。此外，要建立实践性和结构性的规制不平等对待的规则，需要基于事实具体分析，严谨地区分利于竞争的产品改进和反竞争的自我优待——必须要求平台为单独的产品提供不匹配或不当的优势。[①]

Pinar Akman认为，只有当平台是一个垂直整合的经营实体，活跃在多个生产/提供服务的层面上，歧视理论才能起作用，垂直整合是自我优待理论适用的前提，而且需要认定那是一个单独的、分离的市场。但是，A公司对比较购物网站的任何歧视并不造成损害，原因在于很难认定A公司的比较购物搜索相对于其搜索引擎服务是垂直的；而比较购物搜索会有效帮助竞争对手，因为这种行为将使非A公司购物网站将其他搜索引擎作为A公司搜索的替代品。[②]

三、行为规制：平台自我优待行为反垄断法规制的必要性

（一）概念解读

平台自我优待可以简单概括为，平台在市场竞争中对自己的产品给予优惠待遇。但这并非法律概念，也尚未在理论和实务界达成共识。为了更好地对该行为进行反垄断分析，有必要进一步厘清其具体内涵。

从平台商业模式和域外实践来看，当平台通过数据、算法等技术将产品与市场联系起来，成为产品端和客户端的介质时，自我优待行为才

① See Thomas Graf and Henry Mostyn, “Do We Need to Regulate Equal Treatment? The G××××× Shopping Case and the Implications of its Equal Treatment Principle for New Legislative Initiatives”, Journal of European Competition Law, Vol. 10, No. 10, 2020, pp. 1 – 12.

② See Pinar Akman, “The Theory of Abuse in G××××× Search: A Positive and Noemative Assessment Under EU Competition Law”, SSRN: https://papers.ssrn.com/sol3/papers.cfm?abstract_id=2811789, 2021 – 3 – 10.

有实施的可能。换言之，能够实施自我优待行为的平台应当处于双边或多边市场中，其提供的一系列产品构成一个不断发展的生态系统，在这个生态系统中，平台拥有一定市场力量并可以对客户端造成直接影响。由于同一企业可能同时经营着多个平台，因此所谓“自我”的划分标准不应当通过不同单平台或不同市场进行区分，而应区分平台背后的经营者——同一企业（包括同一集团下的子公司和关联公司）旗下的不同平台同样能被纳入“自我”范围。

此外，“优待”是指通过算法等技术手段对自己的产品给予优惠待遇，往往表现为排他性协议、搜索结果排序、平台差异化的资源支持、不予直链①、关闭 API 等形式，具体认定还应在个案中进行分析。

（二）理论基础

1. 平台二重性

平台二重性解决的是平台角色定位及责任义务承担的问题——平台经济下，用户和其他市场经营者进行交易的过程中，平台作为交易介质具有“市场”的性质；用户与平台进行交易时，平台则具有“企业”的性质。此时，平台在市场竞争中可能同时扮演着“管理者”和“竞争者”双重角色，平台与平台内其他经营者处于管理与竞争关系之中。

如前所述，欧委会在《政策报告》中重新定义了平台角色，即平台作为“管理者”应当制定规则并保证其自我优待行为不会对市场产生长期排他效应；在 2020 年 12 月 15 日公布的《数字市场法案（草案)》中，欧委会引入了“守门人”制度，再次强调了平台“管理者”角色与中立非歧视的要求——符合条件的企业在数字市场竞争中将负有“确保营造对经营者和消费者都公平且开放的在线环境，遵守特定义务以确保所有主体都能够创新”的特定义务。同样，美国在《数字市场

① 互联网行话，即平台间不提供分享的途径，导致甲平台的用户无法将本平台的内容链接分享至乙平台。

竞争调查报告》中指出，如今作为“信息守门人”的平台通过控制市场准入等手段消除竞争威胁，进一步巩固和扩大其市场统治地位的行为涉嫌垄断，其应当满足“非歧视要求”，即禁止支配性平台进行自我优待，并需要为同等产品提供同等条件。此外，Gianluigi Fioriglio 等域外学者也认为平台作为“守门人”应当“负有客观、中立、非歧视的义务”。

作为“企业”的平台，优待自身产品实属市场经营者的天然逐利行为；但当平台成为“市场”时，其作为规则制定者应当保证市场的自由竞争秩序。此时的问题在于，平台应当如何协调“保证自身竞争优势”与“维护市场自由公平”之间的利益？

本报告认为，平台的市场属性取决于平台对（潜在）竞争者的影响力，平台对其他经营者的控制力越强，则其市场属性越强，反之则越弱——当平台能够直接控制其他竞争者的经营行为时，其市场属性达到最强。平台经济背景下更多的情况是，基于用户锁定效应，平台通过个性化推荐等技术方式引导其他竞争者的商业决策，对（潜在）竞争者形成事实上的市场控制力。如今，不少平台通过不断扩张形成“超级平台”，平台对其他竞争者的控制力量不断增强，在其具有天然规则制定的优势下，很可能对平台内其他经营者课以不公平的义务，滥用平台市场力量。按照经济学理论，平台作为统一、整合的市场，资源的自由流动将会带来更有效率的配置结果。因此，尽管平台作为企业具有维护自身产品的“竞争者”属性，但其市场属性也决定了平台在决定平台市场的准入条件及交易规则时，应当考虑市场竞争效率，维护市场秩序和社会公共利益。考虑到市场力量的强弱，市场属性低的平台在不妨害正常竞争的情况下可以偏向自身产品，市场属性高的平台尤其是“超级平台”应当更加注重社会公共福利。

保证市场公平竞争秩序的前提是市场规则公平，平台的市场角色决定了其应当承担中立、非歧视的义务，此种中立义务与美国哥伦比亚大学吴修铭教授提出的“网络中立原则”不谋而合。按照吴修铭教授的观点，网络中立应当保证信息自由——宽带服务提供商应平等对待所有的网络流量，禁止其通过屏蔽、限速、付费优先等方式歧视或偏袒不同网站，以保证网络数据传输的“中立性”。[①] 此后，Jeffrey Jarosch 列举了三种中立类型：搜索中立、API 中立、在线市场中立。搜索中立要求搜索引擎应当平等对待所有的搜索结果；API 是指网站和平台的应用程序编程接口，对 API 的中立要求是要求网站和平台对用户和接入者的开放和公平；在线市场中立是指手机应用市场应当以中立的方式与内容供应商和客户互动。[②] 目前学界对网络中立原则达成的普遍共识是互联网中的内容应当被平等对待，信息和应用程序能够被自由传输和共享。在网络中立原则的框架下，用户享有自由选择信息、设备、经营者的权利；互联网服务提供商应当承担禁止降级、歧视的义务，并保证互联网的自由与开放；信息与数据得到平等地传输。平台经济背景下，数据是平台争夺的重要资源，不论是从平台二重性属性出发还是网络中立原则的要求，平台都应当秉承客观中立的立场，保证市场公平竞争。

2. 相对优势地位理论

相对优势地位（或称“相对市场力量”）是指不具有市场支配地位的企业，在特殊情况下，对于依赖其进行交易的相对人具有类似于垄断企业的支配性影响力，该企业对于依赖其生存的企业具有“相对”的强势地位。[③] 其来源于德国《反限制竞争法》，是市场支配力量的替代性概念，我国电子商务法第三十五条对平台滥用相对优势地位行为进行了规制。从前述定义可以看出，交易相对人对平台的依赖程度决定了平

---

① See Tim Wu, “Network Neutrality, Broadband Discrimination”, The Journal of Telecommunications and High Technology law, 2003, pp. 141 – 176; Tim Wu, “The Broadband Debate: A User's Guide”, The Journal of Telecommunications and High Technology law, 2004, pp. 69 – 95.

② See Jeffrey Jarosch, “Novel ‘Neutrality’ Claims against Internet Platforms: A Reasonable Framework for Initial Scrutiny”, Cleveland State Law Review, 2011, pp. 506 – 509.

③ 参见单骥、何之迈、吴秀明：《从依赖性理论探讨相对市场优势地位——以公平法立场之研析适用》，转引自徐士英、唐茂军：《滥用相对支配地位行为的法律规制研究》，载《东方法学》2008 年第 3 期。

台的相对市场力量强弱。平台经济下，当该交易相对人意图变更平台，在另一平台中进行经营时，若这一变更成本高于其自身所获得的收益，此时其仍会选择在原平台进行经营，原平台的相对优势地位得以维持。因此在判断平台市场力量时，应当考察当平台试图控制交易条件并影响其他经营者决策时，该经营者能否快速找到替代者。

传统反垄断理论关注行为主义，即市场主体涉嫌的垄断行为是否会对相关市场上的竞争产生负面效应。在平台跨市场竞争状况下，反垄断法容易忽视跨行业的市场集中所带来的竞争妨碍效果。实践中，不少平台企业的产品生态系统往往横跨多元市场，尽管其可能在某一细分市场不具备市场支配地位，但其仍然能够通过大数据资源、矩阵式布局等方式维持并不断强化其跨市场力量，扭曲其产品生态系统内的竞争机制，加强交易相对人对其的依赖程度。显然，对于市场属性强的平台，不需要证明其构成市场支配地位，平台利用相对市场力量便可以达到限制平台内市场竞争的效果。

3. 杠杆理论

杠杆理论又可称为传导效应理论，其被用于美国反垄断司法实践中。传统杠杆理论解决的是竞争者传导市场垄断力量（垄断延伸）的问题，即判断在某个领域拥有市场支配地位的经营者，通过搭售、捆绑销售、拒绝交易等行为，将自身垄断力量传导或杠杆至其他领域。究其实质，杠杆理论解决的是传导市场力量的合法性问题。

在双边市场中，交叉网络效应和传统网络效应可以同时存在，平台可通过将市场力量从一个市场传导至另一个市场的行为，使得消费者在产生路径依赖后不得不接受平台自身的产品，从而实现对平台产品生态系统的绝对控制。在这个过程中，平台依靠其相对优势地位或市场支配地位成功地锁定用户及数据，提高平台的市场集中度，最终形成强大的混合市场力量。在传统反垄断分析中，这种市场力量延伸的违法性很可能由于企业的免费策略受阻。考虑到平台的部分自我优待行为也会使平台的市场力量在不同的市场中得以延伸，且与工业经济不同的是，在平台经济的免费模式和交叉网络效应影响下，平台可以更容易地传导市场力量，最终取得限制竞争的效果。因此，如今的平台竞争模式是杠杆理论在平台经济背景下的表现——对传统杠杆理论进行改良后可以解决拥有相对优势地位或市场支配地位的平台在跨行业市场中进行市场力量传导的合法性问题。

4. 平台自我优待行为的竞争效果分析

平台二重性理论为认识自我优待行为提供了逻辑起点，揭示了平台的市场属性及应当承担的法律义务；相对优势地位理论解决了平台的市场力量问题；杠杆理论以市场力量传导行为为核心，体现了传统反垄断理论在平台竞争实践环境下的新型表现形式，解决了部分自我优待行为的合法性问题。

对于市场力量弱的平台而言，即使其实施了自我优待行为，也不足以达到限制竞争的效果。对于拥有相对优势地位或市场支配地位的平台（以下简称“大型平台”）而言，由于相对交易人对其的高依赖性和其本身的强大市场力量，其实施的自我优待行为很可能造成限制市场竞争、影响创新以及侵害消费者权益的不良影响。

首先，竞争法制度的直接目的在于促进市场竞争。当前我国大型平台在本就占据了绝大部分市场份额的情况下，仍不断通过并购小企业、实施自我优待行为来提升和强化市场份额与平台垄断地位，从而导致市场竞争失效。尽管互联网市场鼓励市场经营者的良好竞争并允许通过技术优势扩大竞争优势，但若此种竞争优势的扩大是由于自我优待造成，并且通过这一行为排挤掉其他潜在竞争者，从而形成压倒性市场力量，此时该行为应当受到反垄断法律规制。

其次，创新驱动是平台经济发展的旗帜，创新不仅用来评估市场力量，也是竞争损害的要素。[①] 用户对大型平台的高依赖性，可能会影响

① See Wu Tim, “Taking Innovation Seriously: Antitrust Enforcement If Innovation Mattered Most”, Antitrust Law Journal, Vol. 78, No. 2, 2012, p. 328.

消费者的选择，从而提高其他竞争者的创新风险，也会严重打击其创新积极性。短期来看，拥有创新技术的企业可能会被排挤出市场，也会阻止拥有创新能力的潜在竞争者进入市场；长期来看，平台的自我优待行为容易影响创新的持续性并造成创新技术的流失。大型平台往往通过数据和接口封锁等自我优待行为，帮助自身获取更多的竞争优势，构筑起阻碍竞争对手进入的巨大壁垒。例如，中小企业往往将大型平台视为推广引流的工具，在大型平台实施封锁行为的情况下，其可能付出巨大沉没成本，从而影响市场的创新活力。当然，若平台的自我优待行为能鼓励其他竞争者进行技术创新，从而推动互联网行业技术的一体化发展，此时应当排除自我优待行为的违法性。

平台的限制竞争行为还体现在对消费者权益的损害上。一方面，当平台将创新者排挤出市场后，消费者将无法享受自由竞争市场产生的新产品、新技术等创新利益；另一方面，消费者具有按照个人需求和意愿进行消费的自由，如果平台通过自我优待行为加强了消费者对平台的依赖程度，消费者的自由选择权将受到极大限制，进而严重影响消费者福利。此外，平台的自我优待行为可能导致数据的封闭，若各平台间能实现数据共享，这将有利于不同市场竞争者掌握消费者偏好，从而改进产品，整体而言有利于保护消费者权益。不可否认的是，同一平台中不同的产品往往具有技术上的互补性或存在特殊的设计，而由消费者基于功能需求进行简单拼接极易导致产品的性能低下，因此平台的自我优待行为在一定程度上可以保证商品的质量与性能，对市场效益和消费者福利也将产生积极效应。

可以看到，平台的市场力量传导行为并非必然导致损害、限制竞争的后果，亦即在本领域拥有极大市场力量的平台并不必然会因为其他大型平台的进入而丧失优势地位。然而，考虑到对消费者和市场竞争的影响力，平台应当肩负起保证市场公平竞争和维护社会整体福利的义务，在制定平台规则时保证市场的自由与公平竞争。

（三）制度现状

反垄断法于2008年开始实施，在实践中司法与执法经验的积累仍有不足，对于互联网领域内的垄断问题难以有效应对。2020年11月10日，国家市场监督管理总局发布《关于平台经济领域的反垄断指南（征求意见稿）》（以下简称《反垄断指南（征求意见稿）》[①]）；2021年2月7日，国务院反垄断委员会印发《国务院反垄断委员会关于平台经济领域的反垄断指南》（以下简称《反垄断指南》），回应了二选一、算法共谋等问题的关切，把平台的大数据杀熟、二选一等行为纳入反垄断范畴，增加了判断市场力量和竞争效果分析的考量因素，对平台经济领域的反垄断问题具有一定指导意义。

然而，《反垄断指南》仅仅是增加了个别条款或要素，本质上仍未改变原有的分析框架，难以适应当前平台发展实践的需要。此外，作为对反垄断法的细化与补充，《反垄断指南》在认定平台市场支配地位、平台滥用市场支配地位行为的具体类型以及法律责任方面仍有所欠缺，相关配套制度也尚未建立，为解决平台垄断问题带来了一定的困难。

1. 理论缺陷

平台经济的特殊性导致不能简单套用传统单边市场的竞争理论解释平台的竞争行为，传统界定相关市场、判断市场力量等反垄断法律分析框架在规制平台垄断问题上存在难度。

相关市场界定是进行反垄断分析的逻辑起点，在明确相关市场后，才能进一步明确经营者的竞争范围及其面临的竞争约束。《反垄断指南（征求意见稿）》创新性地改进了相关市场的判定方法并做了弱化处理，

---

① 《市场监管总局关于〈关于平台经济领域的反垄断指南（征求意见稿）〉公开征求意见的公告》，载中国政府网，http：//www.gov.cn/xinwen/2020－11/11/content_5560405.htm，最后访问时间：2021年11月25日。

即在满足一定要件时，反垄断执法机构可跳过界定相关市场这一步骤。[①]而正式出台的《反垄断指南》删除了这一条款，明确表明界定相关市场为行为违法分析之前提。[②]尽管《反垄断指南》考虑到平台经济特性，对相关市场界定进行了一定修改，[③]但对于相关市场界定的存在与否仍值得进一步探讨。事实上，当平台的跨市场力量足够强大时，不论其是否与潜在竞争者处于同一个市场中，该行为依然具有限制竞争的可能性，且由于市场力量大的平台负有保证其市场公平自由竞争秩序的义务，因此在满足特殊条件的情况下并非必须界定相关市场。当然，不论是征求意见稿还是正式稿，都未明确不界定和整体界定相关市场的具体判断要件，对实践指导有限。

现行反垄断框架下，平台自我优待行为很可能属于“滥用市场支配地位”的行为，这就需要判断平台的市场支配地位。《反垄断指南》针对平台经济的特性，增加了确定市场份额的考量因素，有助于提高认定平台市场支配地位的准确度。问题在于，其仍然未进一步明确规范具体的适用规则，如在判断市场支配地位，对照考量因素时是否有优先顺序之分。

此外，通过反垄断法类型化的垄断行为也无法适用于自我优待行为。以“不予直链”这一自我优待行为为例，该行为在行为外观上类

---

① 《关于平台经济领域的反垄断指南（征求意见稿）》第四条第三项规定，相关市场界定在各类垄断案件中的作用……对于平台经济领域经营者之间达成的固定价格、分割市场等横向垄断协议，以及固定转售价格、限定最低转售价格的纵向垄断协议，反垄断执法机构在违法性认定上可不明确界定相关市场……在特定个案中，如果直接事实证据充足，只有依赖市场支配地位才能实施的行为持续了相当长时间且损害效果明显，准确界定相关市场条件不足或非常困难，可以不界定相关市场，直接认定平台经济领域经营者实施了垄断行为。

② 《国务院反垄断委员会关于平台经济领域的反垄断指南》第四条第三项规定，坚持个案分析原则，不同类型垄断案件对于相关市场界定的实际需求不同。调查平台经济领域垄断协议、滥用市场支配地位案件和开展经营者集中反垄断审查，通常需要界定相关市场。

③ 《国务院反垄断委员会关于平台经济领域的反垄断指南》第四条第一项规定：“……具体而言，可以根据平台一边的商品界定相关商品市场；也可以根据平台所涉及的多边商品，分别界定多个相关商品市场，并考虑各相关商品市场之间的相互关系和影响。当该平台存在的跨平台网络效应能够给平台经营者施加足够的竞争约束时，可以根据该平台整体界定相关商品市场。”

似传统反垄断法的“拒绝交易”“差别待遇”。“拒绝交易”背后体现的是“必需设施”（或称“必要设施”“基础设施”）理论。该理论源于美国司法部诉铁路终端协会案（United States v. Terminal Railroad Association），其核心要点在于若市场内的其他竞争者不能取得该设施或获取相关资源，竞争者便无法进入该市场，即“该设施必要”。在此框架下，若想通过“拒绝交易”行为对某类“自我优待”行为进行规制，必须认定该平台属于“必需设施”，显然这一认定门槛极高——即使该平台被认定为具有绝对市场支配地位，也不一定会构成必需设施。从国家利益及安全的角度来看，也不可能使某一平台成为市场的必需设施。此外，“必需设施”理论仍然脱胎于工业经济，并不符合平台经济发展的特性，若想适用，还须结合平台经济特性进行理论革新。“差别待遇”的判断要点则在于判定“条件相同”①，考虑“正当性要件”时，还应当考虑“交易习惯和行业惯例”“投资创新”“消费者”等因素，这些考虑因素当然符合竞争法特点，即使在平台经济背景下也仍然是平台的抗辩理由。但问题在于，现行法律没有明确的判定标准，工业经济和平台经济下的“正当的交易习惯”有所不同，平台经济下的“正当的交易习惯”仍有待考察。

2. 立法问题

一方面，反垄断法律制度对垄断行为的规定较为概括、模糊，以至于反垄断执法及司法实践缺乏可操作性的认定标准作为指导。依据反垄断法第十七条之规定，具有市场支配地位的经营者只有在“没有正当理由”的前提下施行搭售行为才可能构成违法，然而我国反垄断法律制度并未对“没有正当理由”作出具体解释，缺乏统一适用标准。

另一方面，平台竞争涉及大数据、个人信息等重要法益，平台市场的反垄断规则需要其他法律制度为其提供条件或保障。然而，反垄断法

① 参见反垄断法第十七条第一款第六项规定：“没有正当理由，对条件相同的交易相对人在交易价格等交易条件上实行差别待遇。”

与反不正当竞争法、消费者权益保护法等法律未能实现有效的衔接。因此，我国当前立法面临着反垄断法律制度与其他法律制度如何合理衔接以更好地规制平台竞争的问题。

（四）实践考察

当前，平台竞争往往表现为“链接封禁”“二选一”[①] 等形式，在判断这些竞争行为是否构成垄断时，还应结合市场特性或特定场景考量平台竞争行为的合法性和合理性，以下将以平台“链接封禁”这一行为为例进行考察。

在相关市场界定方面，应当注重跨市场所带来的加强“锁定效应”与市场力量传导，依照《反垄断指南》，可以考虑将相关市场界定为整体市场，而非在某一特定市场中判断链接封禁行为的合法性。

在判断经营者进入相关市场的难易程度方面，不仅要考察其他市场竞争者进入市场的门槛高低，还应进一步考察其是否能在市场中获取利润以及是否能长期在市场中得到发展。当然，自由公正的竞争环境也可能导致其他经营者在市场竞争中落败，因此对于市场的有效进入还须在个案中进行分析。

在判断平台市场力量方面，对于市场力量强的平台而言，短期的市场份额下降并不会对其市场力量造成影响。根据《反垄断指南》，在判断平台的市场支配地位时，可以考量活跃用户数、点击量、相关平台市场的发展状况、平台竞争特点、平台差异程度等因素。

在行为的竞争效果分析方面，根据竞争法的一般理论，如今许多平台提供的均是免费服务，其他平台并未对此支付对价，因此提供免费服务的平台有权收回“直链”的便利和优惠，此属正常的市场竞争行为。然而，从平台实施行为的效果来看，封禁行为本质上是平台市场力量的

---

① “链接封禁”指平台不支持第三方来源的链接，限定平台内经营者与消费者只能于本平台中进行交易；“二选一”指平台通过禁止平台内经营者在其他竞争性平台开店和参加其他竞争性平台促销活动等方式，限定平台内经营者只能与本平台进行交易，并以多种奖惩措施保障行为实施。

传导，对市场竞争秩序本身造成了破坏，并非能以平台在市场中的“自由选择权”或“竞争策略”一以概之。

此外，还应当考察平台是否应承担特殊义务。拥有强大市场力量的平台，其自应承担保证平台市场“客观、中立、非歧视”的特殊义务，保证其他竞争者在平台的产品生态系统内能够自由、公平的竞争。当然，在实际的案例中，平台的“链接封禁”行为是否具有正当理由，还须等待实践进一步观察。

四、平台自我优待行为规制顶层设计

大型平台通过自我优待行为“跑马圈地”，构筑自给自足的闭环数字化生态系统。正如前文所述，平台这一新兴组织形式所带来的各方主体经济关系的深刻变革，在传导效应的作用下，生态内的其他主体能够轻而易举地获得相对优势地位，并通过锁定效应实现辐射范围的指数式增长，进而排除和限制竞争对手的进入，为市场和行业设置了中小企业难以逾越的城墙与护城河。在此背景下，传统工业经济时代下所产生的反垄断体系难免出现方式滞后、范围偏差、监管空白以及力量不足等问题，在平台自我优待行为的规制上显得无所适从，在包容创新与有序合规之间难以做好平衡。为了对平台经济下的平台自我优待规制系统进行完善，首先应做好相关法律制度体系的顶层设计，从立法理念、分析框架、立法模式以及平台监管四个方面予以展望和建构，回应和修正科技革命所带来的法律适用难题，符合社会发展尤其是经济发展的基本逻辑，以适应司法实践需求和学科发展规律。

（一）完善立法理念

现行反垄断法律制度脱胎并发展于传统工业经济，而平台经济背景下围绕平台、数据、算法所展开的三维市场竞争结构[①]及平台所展现的跨平台交叉网络效应等特性已深刻改变了数字市场竞争秩序和内在逻辑，以价格为核心的传统反垄断竞争理念无法适应日益发展的科学技术和平台市场内所产生的新式市场竞争。

公平竞争是市场经济的核心，只有竞争环境公平，才能实现资源有效配置和企业优胜劣汰。针对当前大型平台、数据聚合的平台发展现状，立法应当充分发挥市场与政府的作用并处理好市场与政府的关系，即在释放市场活力与调节功能的同时，发挥政府的宏观调控职能，提升政府的干预效率，及时发现平台的自我优待行为并采取合理措施予以引导和纠偏，做到适度监管与适时监管，保障市场竞争的繁荣与持续。

创新是国家综合国力与行业长远发展的关键因素，而中小企业是提升行业活力与创新发展的主要推动力，保障中小企业的生存和发展是平台经济助力国民经济稳定发展的基础。大型平台往往采取“猎杀式并购”的方式为自我优待行为扫清障碍，以进一步增强市场力量，这极大地扼杀了中小企业的创新与进步。因此，立法在关注刺激企业的生产率与创新的同时，[②] 还应更加关注中小企业的创新能力。例如，改变以往静态环境中分析研判短期价格所衡量的消费者福利标准，加入具有动态特征的创新效率；在进行竞争效果分析时考虑创新性企业的进入门槛、颠覆性创新的可能性以及商业模式的改变等因素。

《国务院办公厅关于促进平台经济规范健康发展的指导意见》（以下简称《指导意见》）明确指出：“尊重消费者选择权，确保跨平台互联互通和互操作……加强平台经济领域消费者权益保护。”在平台经济背景下，消费者的个人隐私具有被暴露的风险，而消费者的创新利益和自由选择权也难以得到法律的有效确认；此外，在面对平台竞争者联合

---

① 参见杨东、臧俊恒：《数字平台的反垄断规制》，载《武汉大学学报（哲学社会科学版）》2021 年第 2 期。

② See Porter&Michael E, “Competition and Antitrust: A Productivity – Based Approach”, Harvard Business School, 2002.

的情况下，消费者的合法权益存在被进一步削弱的可能。因此，立法在考虑市场竞争和创新效率的基础上，还应加强对消费者权益的保护。

（二）优化分析框架

以大数据、人工智能为主要技术支撑的平台市场与传统以非智能型技术为支撑的工业化市场存在诸多差异，平台经济下技术对损害市场竞争秩序的重要作用决定了反垄断法分析范式与工业经济背景下的分析范式存在诸多区别——诸如“假定垄断者测试法（SSNIP 法）”“FERM 测试法”“产品性能测试法”“盈利模式测试法”等相关市场界定方法难以直接适用于平台经济领域。因此，立法应当及时革新传统以价格为核心的垄断行为违法性分析路径和具有典型“单边市场”特征的竞争效果分析工具。

在分析平台自我优待行为是否具有违法性时，可以遵循以下分析路径：第一，是否需要界定相关市场及如何界定；第二，判断平台的市场力量，其是否构成市场支配地位或相对优势地位；第三，自我优待行为是否存在实质性排除、限制竞争的效果，此时可以从平台交易规则对市场壁垒、消费者福利、技术创新的消极影响进行考量；第四，若自我优待行为产生了实质性损害后果，平台是否存在正当抗辩理由；反之，平台是否应当承担“客观中立”的特殊义务——若平台应当承担特殊义务，此时平台的自我优待行为仍被视为违法。对于特殊义务应当从两方面着手：不得歧视性地屏蔽或降级其他市场经营者的内容、应用程序和设备；保证用户在公正的网络竞争环境中，具有自由选择产品的权利。

（三）健全立法模式

我国目前对互联网领域的反垄断立法存在一些不完备之处，在对反垄断法进行修订时应谨慎选择立法模式。从世界范围来看，针对平台经济的立法模式主要分为以下几种：

单独立法模式。这一模式以欧盟数字立法为代表，即脱离传统法律规定，针对平台经济进行单独立法。早在2019年的《政策报告》中，欧委会就提出了数字平台竞争规则并对平台角色进行了定位。2020年《数字市场法案（草案）》的公布，确立了数字平台“守门人”的身份并赋予了其特殊义务。

法律修改模式。该模式以美国和德国为代表，即根据平台经济特征，对传统反垄断理论和制度进行扩张或增加新的法律规定。美国众议院司法委员会曾建议通过恢复必需设施原则，从而更好地对平台的涉嫌垄断行为进行规制。德国则是在传统反垄断法的基础上，增加了专门针对平台垄断行为的条文，如德国《反限制竞争法》第19条第a款。

对平台经济下的某类问题或某种行为进行规制，代表国家为韩国。韩国《在线平台公平中介交易法案》便是针对平台和在线商店之间交易的透明度和公平性所提出的法案，以起到事前预防纠纷的效果。

从以上三种模式来看，单独立法涉及竞争法、个人信息、隐私保护、大数据等内容，体系庞杂，内容丰富；法律修改模式建立在传统反垄断基础上，并未引入新的法学理论，仅仅结合平台经济特性对旧制度进行了扩张或单独制定了新条款，在不破坏传统法律制度的同时回应了新兴法律问题，保证了法律的稳定性；针对具体问题或具体行为的立法模式针对性强，但须考虑问题本身的复杂程度和待解决的紧急程度。

我国在平台经济领域的立法呈现分散化格局，反垄断法、网络安全法、电子商务法等法律从不同的视角对平台经济领域的法律关系进行调整。同时，尽管反垄断法律制度在规制平台垄断问题上相对乏力，但并未对传统理论产生颠覆性变革，也缺乏有力的证据证明现行竞争理论无法实现竞争法的立法目标。因此，根据当前的立法和平台发展趋势，同时考虑到法律的稳定性、严谨性及灵活性，我国在修订反垄断法时可以考虑出台专门的反垄断实施指南，同时完善民事诉讼法等其他配套法律制度，形成相对完备的反垄断法律体系。

第一，在反垄断法中增加针对平台经济的专条或专章。考虑到平台经济特性，可以规定平台经济下的基本原则及监管原则，通过概括式与列举式的方式，对诸如大数据杀熟、算法共谋、平台自我优待等可能出现的垄断行为进行归纳与概念界定。

第二，根据产业发展和法律实践情况，制定具体的实施指南并持续对其进行细化与补充，以应对平台经济背景下的具体垄断问题。例如，在《反垄断指南》中增加对平台自我优待问题的回应，进一步细化市场力量的判断标准及行为违法性分析，明确平台应当承担的特殊义务。

第三，健全反垄断配套制度。在反垄断司法与执法过程中，还涉及诉讼制度与相关执法制度的健全。例如，在举证责任制度方面，减轻原告的举证责任，扩大有效证据范围；在专家证人制度方面，聘请专业人员对专业性问题进行论证说明，进一步确定专家证人的选人标准及专权利义务；在执法方面，可以考虑建立群众举报通道，形成事前、事中、事后并重的监管模式。

第四，注意反垄断法律制度与其他法律制度的衔接。一方面，平台经济下的平台竞争行为可能产生损害消费者利益、泄露个人隐私的损害后果，同时触犯多个法益；另一方面，反不正当竞争法与电子商务法同为约束平台竞争、对电子商务平台课以特殊义务的法律，可能导致在涉及平台竞争问题的法律适用上存在冲突。因此，在反垄断修法过程中还应厘清法律边界，注意不同法律制度之间的衔接。

（四）创新平台监管

得益于对新经济的开放包容，平台经济领域的反垄断监管政策一直处于相对宽松甚至“缺位”的状态。然而，在当前强化反垄断的趋势下，我国对平台监管的态度发生了变化：近期出台的《反垄断指南》将《指导意见》中的“包容审慎”监管原则变为了“科学高效”，以“使全社会共享平台技术进步和经济发展成果”。《反垄断指南》的这一变化表明我国将开启反垄断监管新阶段。

平台经济领域的高度自治性决定了我国在平台治理时应当找准国家与市场的定位，明确二者的监管边界，即国家在调节市场失灵时应当给予市场充分的自我调节空间，同时考虑市场调节和政府介入的成本问题，从而提升政府干预效率，有效解决平台领域内的垄断问题。

此外，平台经济相较于传统经济而言更具动态性，这种不确定性和难以预测性会使得事后监管的实施成本和错误成本大大提升；而大量地消耗和分散监管力量也会导致市场、产业以及相关主体的利益受到不可逆的损失，社会的整体成本与效率面临阻滞与风险。因此，一方面监管部门应获得相应授权，使其具备便捷采取临时性与常态性监管措施的权力，在此基础上加强对市场的监控与评估；另一方面应当建立专家与权威人士的评估机制，科学高效地分析当前市场是否存在具有垄断风险与倾向的市场主体，并通过调查报告等方式予以引导和规制。

基于此，反垄断监管应当充分发挥行业自治、行业监管、法律规制的功能与作用。在行业自治方面，各平台可在国家指导下针对平台自我优待等垄断问题制定平台自律公约，平等协商，相互监督，防止因行政执法过多干预而对平台经济产生不良影响，节约执法资源。此外，合规指南同样能够发挥较大作用，平台与主管部门可以在协商讨论的基础上，建立涉及预防、识别、评估、报告、处置等方面的行为合规指南，并形成相配套的评价与激励机制，引导企业主动、快速合规，形成正反馈机制。

在行业监管方面，考虑到反垄断执法中人员专业性不足等问题，可采取反垄断执法机关与行业监管部门联合规制的方式，充分发挥行业监管部门的专业性优势；同时主管部门可考虑结合当前大数据、人工智能以及区块链技术的发展现状，以技术对攻技术，建立科技监管模式，通过大数据分析注意力资源、锁定效应、杠杆效应、规模效应等现象，实现预警、固证、回溯的自动化机制，从而实现有效竞争和社会整体效率最大化目标。

在法律政策方面，应处理好法律与产业及竞争政策之间的关系。作为反垄断监管的重要依据，法律与政策各自具有不同的特点。政策更具灵活性和密集性，能够根据当下的经济发展态势与平台行业动态及时调整，就实践中的热点、难点问题及时作出回应和解决；法律则更具稳定性与理论性，需要经过慎重讨论与判断才能颁布或修改，且在规定上多为原则、规则性的通用条款，需要结合实际情况和配套制度方能实施，二者之间的联系需要科学界定、厘清与配置。司法作为规制平台反垄断行为的最后一道防线，应当保证反垄断法的实施能实现其基本价值和相关政策的目标。

五、小结和展望

当前仍处于平台经济高速发展时期，这意味着平台采取的商业模式虽日益趋同但并非一成不变，诸如平台自我优待等垄断问题在未来一段时间内仍会不断暴露出来，故而有必要对现有的反垄断法及相关执法进行更新。

首先，结合我国实际，学习域外经验。平台自我优待行为规制从域外实践经验发展而来，对平台自我优待行为应当结合我国的平台经济特性进行法律构造，在进行反垄断分析时应当更加集中于传导市场力量的行为，并合理界定市场力量，区分跨市场竞争行为与排除、限制竞争行为。

其次，执法主体多元化。国家机构改革后，设置在国家发展和改革委员会、商务部和原国家工商行政管理总局的三家反垄断行政执法机关整合到了国家市场监督管理总局下属的反垄断局。正如前文法律理念革新中所述，在未来的执法中应注重行政机关、市场主体以及行业组织的协同共治，将外在压力转变为内在动力，将事后惩罚转变为事前引导。

最后，态度手段审慎化。归根结底，平台自我优待行为在一定程度上是商业组织的天然逐利性使然，我们应当清醒地认识到是反平台自我优待而非反平台本身，是反垄断行为而非反垄断地位，在执法态度与手段上应审慎合理考量平台的市场力量、排除竞争效果、平台承担的特殊义务及正当理由等因素，创新方式方法，兼顾效率与公平。

平台实施的涉嫌垄断行为已经引发世界范围内反垄断执法机构的关注，这些违法行为具有相当的技术性、隐秘性，甚至部分违法行为已经超出了产生于传统经济背景下的反垄断法律制度的射程范围，对反垄断法律制度提出严峻挑战。此次修法应当结合平台经济的特殊性及反垄断法一般原理，对传统反垄断法的理论和适用规则作出有针对性的调整与纠偏，建立明确的竞争规则和监管模式，从而提升市场经济效率和社会总体福利，更好地适应新经济形态下的市场发展需求。

观点精选①

（一）从反垄断视角看平台经济背景下的数据价值与数据治理

1. 过去，数据在竞争中量化的效益不是那么明显，所以感觉不到数据对竞争起到的作用。但实际上数据对竞争的作用一直存在，随着企业数据运用能力越强，这种作用愈加明显。

2. 数据在流动中产生价值，亦在流动中产生集聚，平台是数据汇聚的中心。其一，数据是新生产要素，是数字时代价值创造的核心。数据的价值在于大，即大数据，数据越流通、越聚合，价值越大。其二，数据已经成为数字平台创造价值的关键。其三，头部数字平台企业汇聚了大量数据资源，成为数字时代平台企业构筑竞争壁垒、保持市场优势的关键。

3. 数据治理是垄断规制核心的内在逻辑。其一，平台成长逻辑从“网络和规模效应”进化到“数据和算法驱动”，平台规则、平台算法以及平台数据背后融合所形成的平台能力是信息的核心驱动，这一变化

---

① 受2021年4月18日举办的“大治论坛：全球互联网法律观察（2020—2021）”分论坛三“平台经济领域反垄断新发展”中专家、学者的发言启发，本节内容由研究团队会后重新梳理、补充而成。在此对与会专家、学者的专业意见表示感谢，详见本书“致谢”部分。

决定了未来垄断治理及平台监管的核心也会发生转变。其二，相比于传统拆分、重组手段，对数据和算法的规制将成为下一步平台反垄断规制的核心。其三，不同阶段的监管政策、产业政策、创新政策需要进行不同组合和加权以推动数字经济、平台经济的规范和可持续发展。数据和算法作为数字市场核心的生产要素和生产工具，数据治理需要同时平衡垄断、隐私法与个人信息法的关系、效率（创新）与公平的关系、规范与发展的关系。

4. 数据较以往利益资本要素存在明显区别，这种情况下的数据与流量、隐私保护的关系密不可分且极为复杂。数据本身没有价值，数据只有共享才能有价值。因此对于数据，应强调如何采用更好的方法促进数据流动、促进数据共享、促进数据价值回报。从这个角度来说，反垄断的目的是使数据开放，使市场经营者的行为更加有利于数据共享。

（二）平台最惠国条款的反垄断适用

1. 平台最惠国条款（PMFNs）是指平台上的商家被要求以最优惠的条件在本平台上销售商品，其本质是“第三方协议”（third - party agreements），会导致不同平台售价一致，从而直接限制了平台间的价格竞争。

2. 平台的身份定位会影响 PMFNs 在反垄断法上的性质认定。只有在代理模式下，讨论 PMFNs 问题才有意义。

3. PMFNs 导致零售价提高，源于共谋效应（collusion）和排他效应（exclusion）两种具体的反竞争效应。对于共谋效应而言，PMFNs 可能导致商家间的共谋、平台间的共谋，其更适合用垄断协议制度予以规制；对于排他效应而言，这是 PMFNs 当前最主要的竞争损害，可能抑制竞争对手（其他平台）的市场进入或扩张，尤其是损害新平台或小平台，因此其更适合用滥用市场支配地位制度予以规制。

4. 代理模式下的 PMFNs 如何认定构成垄断协议？存在两种认定路径。其一，代理人因超越代理业务而具有了经济独立性，此时存在两种可能：PMFNs可能构成横向协议，即平台既是代理人，也是竞争对手；PFMNs促成卖家达成轴辐协议，即平台充当“轴心”。其二，代理双方之间的限制性内容与代理业务无关，其限制的是代理关系，而非商品销售（PFMNs与此无关）；此外，PMFNs属于平台（代理人）对卖家（本人）的限制，而非本人对代理人的限制。

5. 反垄断三个领域彼此之间并不存在界限。平台用“最惠国条款”手段达到一些目的，仍然可以在反垄断传统框架下分析。比如，从垄断协议的角度或者从滥用市场支配地位的角度进行分析都是可行的。但反垄断本就需要个案分析，每次分析需要分析具体的构成要件。从竞争角度来讲，一个企业肯定是希望成为行业竞争的胜利者，所以反垄断分析最终还是会落到竞争效应的分析上来。

（三）反竞争视角下的隐私保护问题

1. 隐私保护竞争政策是典型的规则竞合选择的问题。对于弱隐私保护，其他法律部门可以充分解决这个问题，没必要引入竞争法。而强隐私保护与反竞争的关系更复杂，目前实践中将它作为一种新型的自我优待方式。应该思考的是，除通过“自我优待”外是否存在其他规制路径？相应的标准是什么？

2. 基于个人信息保护法、网络安全法等一系列立法及目前经济反垄断的大趋势，部门之间的协调需求会越来越明显，不同部门之间如何衔接、如何尽量避免潜在冲突等问题也会越来越多。

3. 强隐私保护会不会违反反垄断法的规定？首先应当考虑该行为是否限制了竞争合同，从而破坏竞争市场结构并带来价格提高的问题（竞争性市场结构下没有人有能力提高价格）；其次看是否存在抗辩理由。抗辩理由主要分为两类：一类是符合消费者的经济利益，另一类是符合消费者的人身利益。即使行为提高了经济效率，也不能损害消费者的人身利益——隐私比经济利益及效率更重要。因此，隐私保护可以放在抗辩阶段，即首先证明行为构成垄断行为，对竞争结构产生消极影响，然后反过来证明该行为保护隐私所必需的，此种路径和传统反垄断分析路径是契合的。弱隐私保护和强隐私保护变化其实是公共政策变化引发的反应。但是对于“强弱”的界定是否有清晰的标准？过去的“弱”仍停留效应分析层面，选择一个路径即可。但现在“强”，不单单是竞合或者路径选择的问题，一定会存在强隐私保护引起竞争法关注的问题。

（四）从欧盟的《数字市场法案（草案）》“守门人”理论看互联网平台的海外反垄断风险

1. 认定一个公司为“守门人”有两个标准：一是定性标准，二是定量标准。对中国互联网企业而言，其需要将境外反垄断合规风险的控制纳入合规体系，并密切关注境外互联网领域的反垄断执法和立法进程。

2. 平台对市场的“重要影响”需要在个案中进行判断，存在重要影响与否所产生的后果是不同的。引入社会福利参数后，将规制某种行为或不规制某种行为后的社会福利状况进行对比，若规制某种行为所导致的社会福利状况更优，则当然应当对此行为进行法律规制。此外，是否需要法律对某种行为进行规制仍需要在具体个案中进行效益分析，并非一成不变。

3. 欧盟的《数字市场法案（草案）》出现了特别值得关注的现象：第一，界定“守门人”相较于界定具有市场支配地位的经营者，其标准可能有所降低；第二，在对“守门人”的行为要求上更为明确和客观，即给“守门人”施加了很多明确的行为义务。整体来看，“守门人”制度相对于禁止滥用市场支配地位制度存在一种倾向，即基于竞争效果的分析路径在向大陆法系传统基于形式的判断路径的转变。“守门人”制度并不是反垄断法的新式解决方法，比如破坏竞争性市场结构达成垄断协议，规制的原因在于此种行为具有高度的威胁性，损害结果过于严重。同样，由于“守门人”的威胁过大，因此直接认定“守门人”负有特定义务。然而，按照中国法和欧盟法的规定，垄断协议未必是违法的，行为人仍然具有抗辩的机会；但如果平台违反了“守门人”的特定义务是否还存在抗辩机会，还须重新厘清。

（五）平台经济背景下的反垄断规制路径及反垄断法修订展望

1. 中央对互联网经济、平台经济加强监管的趋势，一方面体现在对金融加强监管，另一方面体现在对平台垄断问题加强监管。

2. 私法不足以保护隐私及个人信息，还需要从反垄断法、经济法，即从国家干预的角度来保护隐私及个人信息，同时需要从多维度、多学科的角度去思考新的问题。

3. 平台本身的性质需要深入研究，尽管平台采取公司制的结构，但实际上其已经超越公司甚至超越市场与技术，形成了与传统市场力量完全不同的新力量，如何监管、如何规制这种“新力量”需要我们多加思考。

4. 反垄断法需要突破传统理论框架以界定所有市场行为，即新理论需要考虑竞争过程和竞争结构，而不是只考虑竞争结果。此外，反垄断法要加强监管，部分平台的市场竞争行为损害的是未来竞争格局，并将长期影响国家的竞争格局和国家整体组织力。

5. 平台是竞争的来源，也要分析竞争损害的路径，应当从平台的市场力量、质量、创新三个方面去考虑平台的市场竞争行为。

6. 传统大陆法系的公法在设立行为义务时，一定会明确什么可以做、什么不可以做，即存在构成要件的分析，因此可以通过传统的规范分析出一个行为违不违法。但是经济学进入法学以后，尤其是进入反垄断法分析以后，强调行为的竞争效果，弱化了法的表现形式。经济学的引入大大弱化了大陆法系传统上规则的稳定性和可预期性，因为经济学本身是不稳定的，而且受政策影响特别大，最后两种经济学观点不一样的时候谁占优？这由政策取向决定。

7. 对于一个新业态，实践中发展出新规则或者通过理论研究有新的认识，通过立法规定下来是最好的。但是在立法过程当中要考虑立法是多层次的，越是解释适用层面的，越不应该在最高层级的立法当中予以体现。

8. 算法在什么情况下才会构成垄断行为呢？算法有哪些运行方式？何种情况构成何种垄断性行为？然后有可能产生何种效力从而构成抗辩？这需要把当下的外观描述与传统术语及思路结合起来，将传统规则进行延伸，此时未必需要确立很多新的规则。

9. 随意建立新的规则，或者针对某种行为进行规制或不规制的做法，都是没有必要的。反垄断的核心观念是被诉行为或者企业导致经济效益下降，但如果该行为或企业对整个社会效益和福利具有增长效应，就不应该反对这个企业或行为。

第四部分

网络直播营销行业监管研究

一、前言

网络直播营销（俗称“直播带货”）是以直播为渠道来达成营销目的的电商形式，是数字化时代背景下直播与电商双向融合的产物。2020年，全球经济遭受巨大冲击，凭借数字化优势的直播电商却异军突起，迎来一次突飞猛进的发展。据行业报告预测，2021年直播电商将继续保持较高速增长，规模将接近2万亿元，渗透率达到14.3%。[①]

直播电商涉及商家、用户、网络直播营销主播服务机构（以下简称“MCN机构”）、直播平台和电商平台等多个主体，过去一年，这几大主体规模的数据表现都非常耀眼。2020年，线下销售受阻的商家转型线上直播呈现全网蔓延之势。从用户规模来看，行业报告数据显示，截至2020年9月，我国直播电商用户规模达3.09亿。[②] 从MCN机构规模来看，MCN机构数量从2018年的5000家，上涨到2019年的2万家。[③] 据官方数据显示，2020年上半年，全国直播电商超1000万场，其中，活跃主播数超40万。[④] 直播平台则呈现多类型平台竞争格局，除传统电商直播平台外，内容平台和社交平台也纷纷入局直播电商。

2020年是直播电商快速成长和破圈的一年，一方面，各项行业指标数据节节攀升，另一方面，假货太多、虚假宣传、诈骗、消费者维权难、直播电商主体责任界定不清楚成为直播电商行业发展带来的新的法

① 参见毕马威、阿里研究院：《迈向万亿市场的直播电商》，载阿里研究院官网，https：//i. aliresearch. com/img/20201013/20201013135023. pdf，最后访问时间：2022年2月10日。

② 参见《2020中国网络视听发展研究报告》，载中国网络视听节目服务协会官网，http：//www. cnsa. cn/uploads/20210708/250dad61be7ce18ef949de4a61568fbc. pdf，最后访问时间：2022年2月10日。

③ 参见《2020年中国MCN行业发展研究白皮书》，载克劳锐网，http：//www. topklout. com/static/pdf/web/viewer. html？ file = https% 3A% 2F% 2Fimg. topklout. com% 2Fwebsite% 2Freport% 2F5eb9043a258d5. pdf% 3Fr% 3DMon% 20Feb% 2014% 202022% 2011% 3A59% 3A53% 20GMT% 2B0800%20（CST），最后访问时间：2022年2月10日。

④ 参见《商务部通报上半年全国网络零售市场等情况并就服务贸易创新发展试点等答问》，载商务部官网，http：//www. gov. cn/xinwen/2020 - 07/30/content_ 5531332. htm，最后访问时间：2021年3月4日。

律议题。国家和地方政府层面相继出台了各类监管措施，如国家互联网信息办公室等部门发布的《关于加强网络直播规范管理工作的指导意见》，国家市场监督管理总局发布的《关于加强网络直播营销活动监管的指导意见》和《网络交易监督管理办法（征求意见稿)》等，以回应这些新议题。

本报告通过梳理2020年以来网络直播营销行业的立法、执法和司法领域的重点监管事件，并围绕商家、主播及MCN机构、直播平台、电商平台的法律责任与义务展开四个专题研讨，以期形成对直播电商行业及其治理的总结与展望。

二、国内监管重点事件回顾

（一）国家市场监督管理总局发布《关于加强网络直播营销活动监管的指导意见》

2020年11月，国家市场监督管理总局发布《关于加强网络直播营销活动监管的指导意见》，旨在加强网络直播营销活动监管，保护消费者合法权益，促进直播营销新业态健康发展。

该指导意见针对网络直播营销涉及的电子商务法、消费者权益保护法、反不正当竞争法、知识产权法、食品安全法、广告法、价格法等8大重点违法行为明确了应依据的法律法规，合理分配法律责任和义务。

其首次对直播平台跳转至传统电子商务平台模式、网络平台提供付费导流服务模式的平台责任做出明确，没有“一刀切”地认定平台的法律性质和法律责任与义务。

（二）国家互联网信息办公室等部门联合发布《关于加强网络直播规范管理工作的指导意见》

2021年2月，国家互联网信息办公室联合全国“扫黄打非”工作小组办公室，工业和信息化部、公安部、文化和旅游部、国家市场监督管理总局和国家广播电视总局发布《关于加强网络直播规范管理工作的指导意见》。

该文件督促落实平台、主播、用户三方主体责任，要求落实网络直播平台主体责任清单，对照网络直播行业主要问题清单建立健全各项内部管理制度，要求主播落实网络实名制注册账号并规范使用账号名称且必须依法依规开展网络直播活动。

该文件要求建立直播带货管理制度，依据主播账号分级规范设定具有营销资格的账号级别，依法依规确定推广商品和服务类别，市场监管部门要加强网络直播营销领域的监督管理。

（三）国家互联网信息办公室发布《互联网直播营销信息内容服务管理规定》征求意见稿

2020 年 11 月，国家互联网信息办公室起草《互联网直播营销信息内容服务管理规定》并向社会公开征求意见。[①] 这是首个专门针对互联网直播营销信息内容管理制定要求的意见稿。

该意见稿旨在加强互联网直播营销信息内容服务管理，同时对直播营销的其他重点违法行为加以提示。该意见稿规定了直播营销平台、直播间运营者和直播营销人员的信息内容管理义务。除信息注册登记管理和直播内容管理外，平台还特别提及应当建立健全未成年人保护机制。此外，其还规定了直播营销商品目录化管理、直播账号分级分类管理、建立主播黑名单制度。

（四）国家广播电视总局发布《关于加强网络秀场直播和电商直播管理的通知》

2020 年 11 月，国家广播电视总局发布《关于加强网络秀场直播和

---

① 《国家互联网信息办公室关于〈互联网直播营销信息内容服务管理规定（征求意见稿）〉公开征求意见的通知》，载中国政府网，http：//www.gov.cn/xinwen/2020-11/14/content_5561455.htm，最后访问时间：2021 年 11 月 25 日。

电商直播管理的通知》，从网络视听节目建设角度对网络秀场直播和电商直播管理予以引导规范。该文件旨在强化导向和价值引领，营造行业健康生态，防范遏制低俗、庸俗、媚俗等不良风气滋生蔓延。

这一通知要求平台要落实管建同步原则，相关平台的一线审核人员与在线直播间数量总体配比不得少于1∶50，对平台审核能力和报备义务提出较高要求。同时，其要求平台要积极探索利用大数据、人工智能等新技术服务于鼓励倡导的直播节目，让算法支撑优质视听节目的推送，对违规不良内容实现精准预警和及时阻断。

（五）国家市场监督管理总局发布《网络交易监督管理办法》

早在2020年10月，国家市场监督管理总局就已经起草《网络交易监督管理办法》并向社会公开征求意见。[①] 这是首个从电商监管维度出发对直播电商进行规范的立法文件，也是对2014年发布实施的《网络交易管理办法》的更新。该意见稿规定，网络社交、网络直播等其他网络服务提供者为经营者提供经营空间，并提供商品浏览、订单生成、在线支付等与完成交易有关的支持性服务的，在经营者资质审核、商品和服务信息监控、维护消费者权益、保护知识产权、信息数据提供、配合监管执法等方面应当依法履行网络交易平台经营者的责任。总体来说，相比于其他规范文件，该意见稿更侧重网络购物中的交易环节监管。

2021年3月15日，国家市场监督管理总局正式发布并实施《网络交易监督管理办法》，针对“社交电商”和“直播带货”等网络交易新业态，界定了网络服务提供者的角色定位，明确了各参与方的责任义务。该文件将当前新业态中最典型的平台性服务，明确归纳为“网络经营场所、商品浏览、订单生成、在线支付”。网络服务提供者同时提

① 《市场监管总局关于〈网络交易监督管理办法（征求意见稿）〉公开征求意见的公告》，载中国政府网，http：//www.gov.cn/xinwen/2020-10/25/content_5554043.htm，最后访问时间：2021年11月25日。

供上述服务，就为网络交易提供了全流程的支持，应当依法履行网络交易平台经营者的义务。通过上述平台性服务开展交易的经营者，应当依法履行平台内经营者的义务。其要求网络交易新业态的经营者以显著方式展示商品或者服务及其实际经营主体、售后服务等信息，充分保障消费者的知情权。参照网络交易平台对商品或者服务信息、交易信息的保存义务，结合网络直播特点，该文件规定了直播服务提供者将网络交易活动的直播视频自直播结束之日起至少保存三年。通过上述规定，引导新业态各方经营者规范经营，强化网络消费者合法权益保护力度。[①]

（六）中国广告协会发布《网络直播营销行为规范》

2020年7月，中国广告协会发布的《网络直播营销行为规范》正式实施。[②] 作为国内首个国家层面的关于网络直播营销的专门自律规范，为直播行业的各类从事主体及时提供行为指南。

这一文件对商家、主播、网络直播营销平台、其他参与者等各主体的一般责任和特别责任做出规定，坚持包容审慎的监管理念，没有将所有的直播带货行为“一刀切”地当成商业广告行为。

这一文件亦对网络直播营销行为规范各个阶段的不同参与主体都进行了专门规定，针对社会关注较多的产品质量、售后服务、虚假宣传、刷单炒信等实践问题都进行了直接规定。该规范提出的“网络直播营销”术语得到了相关规范性文件的认可。

（七）浙江省出台全国首个直播电商行业规范标准

2020年11月，浙江省网商协会在浙江省市场监管局、浙江省委网

---

① 参见《市场监管总局网监司负责人就〈网络交易监督管理办法〉答记者问》，载中国政府网，http://www.gov.cn/zhengce/2021-03/16/content_5593224.htm，最后访问日期：2021年3月16日。

② 《网络直播营销行为规范》，载中国广告协会官网，http://www.china-caa.org/uploads/downloads/zbyxgf0624.pdf，最后访问时间：2021年11月25日。

信办等单位指导下，制定出台《直播电子商务管理规范》。[①]

该行业规范是全国首个直播电商行业规范标准，旨在推动建立健全电商领域守信激励与失信惩戒，推动电商直播行业健康有序发展。该文件对直播电商的不同参与角色如直播平台、入驻商家、主播、MCN 机构等提出合规的要求。

（八）直播带货遭行政处罚案[②]

2020 年 12 月，某网红主播直播带货的产品被质疑存在假冒伪劣问题，引起社会热议。广州市市场监督管理局随即做出回应，对有关主体分别作出行政罚款。

有关通报显示，该主播在直播带货过程中未提及商品的真实属性，存在引人误解的商业宣传行为，违反了反不正当竞争法的规定。销售公司在直播活动和网络商城中发布的内容，均存在引人误解的商业宣传行为，同样违反了反不正当竞争法的规定。

（九）电商平台责任：直播带货销售仿冒手机纠纷案[③]

2020 年 9 月，北京互联网法院一审认定某主播通过私下交易方式出售仿冒产品的经营行为构成欺诈，应承担相应的惩罚性赔偿责任，网络直播营销平台不承担相应责任。

本案中，该主播在直播间内利用其主播身份不断为商家导流提供宣传推广服务，具有出售商品获利的主观意图，故能够认定该主播具有电

---

① 《直播电子商务管理规范》，载浙江网信网，https：//www. zjwx. gov. cn/art/2020/11/17/art_ 1673577_ 58867902. html，最后访问时间：2021 年 11 月 25 日。

② 《通报！“××直播带货即食燕窝”事件调查处理情况》，载广州市市场监督管理局官方微信公众号“广州市场监管”，https：//mp. weixin. qq. com/s/kdAkT5gc8JXR8RKur5RLVg，最后访问时间：2021 年 12 月 17 日。

③ 北京互联网法院（2020）京 0491 民初 7972 号民事判决书，载裁判文书网，https：//wenshu. court. gov. cn/website/wenshu/181107ANFZ0BXSK4/index. html？docId = 3edb7360ec5542fa8c54ac-9f000a55e9，最后访问时间：2022 年 2 月 10 日。

子商务经营者身份，此次直播带货行为为经营行为。

因交易不在该直播平台中进行，且该直播平台在直播规范中明确禁止进行站外交易，在接到消费者投诉后对主播账号进行封停，已尽有关义务，故该直播平台不承担相应责任。

（十）主播与 MCN 机构合同解除纠纷案①

2020 年 7 月，四川省成都市中级人民法院二审认定某主播有权单方解除与某 MCN 机构签订的《独家合作协议》。2017 年 4 月，MCN 机构与该主播签订《独家合作协议》，后该主播与该公司就收益分配金额及支付问题产生争议，该主播请求解除合同并要求公司支付合作费用和违约金。

此案涉及主播与 MCN 机构两方面纠纷，一是主播是否有权单方解除合同，二是 MCN 机构违约责任承担。近年来主播诉请法院要求确认与 MCN 机构之间存在劳动关系的案件屡见不鲜，有不少法院判定二者存在事实劳动关系。

三、网络直播营销法律关系辨析

（一）网络直播营销的商业模式

网络直播营销可分为电商平台自建直播营销模式、内容或社交平台直播营销模式两大类。

第一大类，电商平台自建直播营销模式是指在传统电商平台中加入直播技术而发展形成的“电商 + 直播”的新型销售形式。这类直播营销模式有两大特征：一是头部主播占整个直播营销的销售额较大，商家

① 四川省成都市中级人民法院（2020）川 01 民终 7846 号民事判决书，载裁判文书网，https：//wenshu. court. gov. cn/website/wenshu/181107ANFZ0BXSK4/index. html？docId = 555ba0af9fd0-41e2b477ac1c00a89f5c，最后访问时间：2022 年 2 月 10 日。

担任主播的比例较大；二是提供直播回放功能，用户可以在回放时通过链接购买商品或服务。

基于不同的主播合作形式，电商平台自建直播营销模式还可以分为四种类型：

第一种类型是商家自身担任主播直接进行带货，这种方式可以减少成本，也比较常见；

第二种类型是商家与 MCN 机构合作，由 MCN 机构安排主播进行带货；

第三种类型是电商平台自行培育网红主播进行带货，电商平台可直接培养网红达人或联合 MCN 机构合作“孵化”网红达人，为电商平台上的商家进行直播带货；

第四种类型是电商平台与 MCN 机构合作，由 MCN 机构安排主播进行带货。

国内几大传统电商平台基本上都是采用了第三种模式，亦即电商平台自建直播营销模式。以某大型电商平台为例，2019 年，该平台已积累 4 亿用户，全年 GMV① 突破 2000 亿元，其中“双 11”当天直播 GMV 突破 200 亿元，177 位主播年度 GMV 破亿，超过 50% 的商家都通过直播获得新增长。与这一直播类似，各电商平台通过明星直播、KOL② 直播、商家直播等，为商家提供营销渠道，帮助商家提升用户粘性和流量转化效率。③

第二大类，内容或社交平台直播营销模式是指在网络音视频、知识共享平台中加入直播技术，并跳转到第三方电商平台而发展起来的“内容（社交）+直播+第三方电商”的新型销售模式。起初，这种模

① 全称为 Gross Merchandise Volume，即商品交易总额。

② 全称为 Key Opinion Leader，即关键意见领袖，通常指拥有更多、更准确的产品信息，且为相关群体所接受或信任，并对该群体的购买行为有较大影响力的人。

③《阿××巴：去年某宝直播带来的 GMV 超过 4000 亿元》，载凤凰网，https://finance.ifeng.com/c/83XaJQSJizi，最后访问时间：2021 年 3 月 17 日。

式下的商品或服务交易大多数在第三方电商平台完成，因此用户购买时多有页面跳转行为。在整个直播中，直播带货的比例占比较小，很多直播带货场景下主播并不在屏幕中出现。而且，这类平台基本上不提供直播回放功能，不能通过看直播回放购买商品或服务。基于不同的合作形式，这些平台直播营销模式可以细分为五种类型。第一种是直播平台培育网红主播为关联方的电商主体进行直播带货；第二种是直播平台上的主播为电商平台进行直播带货；第三种是直播平台上的主播为自建网站的商家进行直播带货；第四种是内容直播平台引入“直播公会”直接管理签约主播；第五种是内容直播平台、MCN 机构、主播签订三方合作协议。

（二）网络直播营销中的法律关系分析

网络直播营销是在传统电商商业模式上进行的迭代。网络直播营销具有法律主体多元和商业模式多样性的特点。与传统的电商法律关系相比较而言，网络直播营销的法律主体增加了三类主体：主播、MCN 公司、直播平台。这三类法律主体的增加使得直播带货的法律关系变得复杂起来。但是，多数的法律关系仍可适用现有的法律体系框架，并不构成对现有法律体系的挑战。

1. 商家与主播之间的法律关系

网络直播营销的商业模式仍在不断摸索中发展演化，目前商家与主播之间的法律关系可分为三种：

第一种模式是商家与 MCN 机构签订协议，为机构提供低价货源，同时提出具体广告需求，包括选择哪些主播（或称“KOL”）或者主播类型、直播的宣传内容等。主播服务机构根据商家的需求设计、制作广告，并由其旗下主播在直播间进行营销。为避免 MCN 机构提供的主播在直播营销时违反法律法规规定或者进行超出合同范围的承诺，商家应当在服务协议中明确机构及主播的责任。

第二种模式是由商家直接与一些明星主播签订直播协议，约定货源种类价格，同时提出广告需求。主播及其团队进行广告设计和制作。主播在面对消费者协助商家“带货”过程中，主播与商家构成代理合同关系。因为广告法对明星作为商品的推荐人规定了诸多的权利义务关系，所以明星主播带货一般不认为是单纯的网络销售行为，主要适用的法律是广告法的相关规定。主播的承诺产生的法律后果由商家承担。因此，商家一定要采取协议或在直播过程中进行声明的方式，对主播的承诺进行规制，以避免因主播的承诺而使自己遭受巨额赔偿。

第三种模式则是商家自播的形式，即培养自己的员工或者老板亲自上场带货。如果主播是商家的员工，那么双方是劳动合同关系。这种模式下，如果直播营销中存在广告行为的话，那么广告主与广告经营者的身份重合。

2. 商家和 MCN 机构之间的法律关系

MCN 机构与中介公司类似，上游对接优质内容，下游寻找推广平台变现。根据不同的合作模式，商家和 MCN 机构之间可能构成以下几种法律关系：

第一种关系，商家与主播/MCN 机构之间构成委托关系。CPS（Cost Per Sales，即按销售付费）平台/内容撮合平台提供技术服务，商家通常会通过线下协议或者线上 CPS 平台、内容撮合平台，与主播/MCN 机构达成委托关系，委托机构或者主播进行带货。委托内容会有不同形式的约定：（1）有概括性的委托，也有明确约定特定的直播时间、直播场次的委托。（2）佣金基于不同委托方式也有差异：一般的 CPS 平台，通常是商家预设好的佣金比例，带货成功，即通过主播在直播间内的推介促成用户购买成功的，主播可以获取相应比例的佣金，CPS 平台一般会从主播获取的佣金中获取一定比例的技术服务费；内容撮合类平台，商家通常会设定一定的佣金比例或者确定的佣金金额（俗称“坑位费”），委托主播进行带货，同时内容撮合类平台基于相应的佣金，获取一定比例的撮合交易技术服务费；线下委托，此种场景下属于商家直接委托主播，不存在第三方平台介入，同时平台也无法收取技术服务费。

第二种关系，商家与主播/MCN 机构之间构成分销关系。美国 MCN 不涉及内容生产，只是将内容创作者联合起来建立频道，助其解决推广和变现问题。中国 MCN 在原有职能上进行了扩展，利用自身资源为网红提供生产支持、账号运营等专业化服务。[①] 由于主播/MCN 机构进行直播带货的行为具有较强的营销属性，商家是否构成广告法项下的广告主、主播是否构成广告发布者也存在较大争议。

3. 商家与平台之间的法律关系

网络直播带货成为一种潮流，各大平台纷纷开展相关业务，直播营销不仅出现在传统电商平台，还出现在新型电商平台，如本地生活服务平台以及社交平台和内容平台上。其中，社交平台和内容平台不属于电子商务平台，是否可以适用电子商务法还存在争议。

第一种关系，商家与电子商务平台之间存在入驻的关系。当商家入驻到电子商务平台上时，商家与电子商务平台之间应当适用电子商务法，商家的地位相当于平台内经营者。商家在电子商务平台上进行直播营销行为，并完成网络交易的全部商业行为。

第二种关系，商家与电子商务平台之间存在服务关系。电子商务平台向商家提供网络直播、交易撮合、信息发布以及其他平台增值服务，如推荐位、专题、付费会员等服务。商家向电子商务平台缴纳佣金以及增值服务费用。以某平台《卖家服务协议》[②] 为例，其中就协议范围及效力、卖家服务及规范（账户使用及信息提交、店铺管理、商品及/或服务的销售与推广、消费者保障、交易争议处理、数据使用及信息授权等）、费用、责任限制、用户的违约及处理、协议的变更、通知、协议

---

① 《2018 年中国 MCN 行业现状，作为网红催化器，行业成长迅速》，载华经情报网，https：//www. huaon. com/story/500691，最后访问时间：2021 年 11 月 26 日。

② 《某宝网卖家服务协议》，https：//terms. alicdn. com/legal - agreement/terms/suit_ bu1_ xxxbao/suit_ bu1_ xxxbao201908081502_ 44434. html? spm = a2107. 1. 0. 0. 4e8c11d93ler7O，最后访问时间：2021 年 11 月 26 日。

的终止、法律适用管辖及其他等方面进行了约定。

4. 商家与直播平台之间的法律关系

对于电商平台上商家的销售商品或提供服务的行为，尽管学界对商家与平台之间的关系并没有异议，但对于内容平台和社交平台上经营者的行为认定，存在一定争议。

国家市场监督管理总局发布的《关于加强网络直播营销活动监管的指导意见》提出，对于网络平台，为采用网络直播方式销售商品或提供服务的经营者提供网络经营场所、交易撮合、信息发布等服务，供交易双方或多方独立开展交易活动的，特别是网络平台开放网络直播推广服务经营者入驻功能、为采用网络直播方式推广商品或服务的经营者提供直播技术服务的，应按照电子商务法规定履行电子商务平台经营者的责任和义务。对于商品经营者，通过网络直播销售商品或提供服务，应按照电子商务法、消费者权益保护法、反不正当竞争法、产品质量法、食品安全法、广告法、价格法、商标法、专利法等相关法律规定，履行相应的责任和义务。

商家可以自行或者委托 MCN 机构、主播在内容平台或社交类平台上进行直播营销，后跳转至第三方电商平台上完成交易。商家与电商平台以外的其他平台之间的关系暂时没有专门规定予以规范，但是其具体行为可以分别适用广告法、消费者权益保障法、产品责任法和反不正当竞争法等。

商家在内容或社交类平台上注册账号，通常要签署入驻协议或平台服务协议等。那么二者的关系可以归为服务合同关系，商家除遵守相关法律法规规定，还应当遵守协议约定，如向平台提供资质、证照、行政许可、联系方式以及变更信息等，而平台则为商家提供网络直播及增值服务等。

如商家并未在平台上注册账号，而是委托主播或者 MCN 机构的直播间进行直播营销，那么商家和平台之间的关系尚存在争议。目前较主流的观点是，商家在电子商务平台以外的其他平台上进行直播带货的行为无法按照广告法中的广告行为进行规范，应属于广义上的网络营销行为。直播带货中可能存在各种各样的商业广告，但是整体直播带货行为并不是商业广告行为。而且，主播群体与广告代言人在法律上存在诸多不同之处。广告代言人都是广告主的代言人，其目的主要是为广告主推销商品或服务；而主播属于“双向代理”，其不仅接受广告主的委托卖货，而且很多时候是以“消费者”代言人的姿态出现，代表消费者向商家为消费者争取更大的利益，比如为消费者争取最低的价格或其他优惠等，接受消费者的打赏。此外，直播带货体现更多的是“交易”特征，而不是“广告”特征。传统广告除宣传商品外，具有更多的“品牌”宣传功能。而直播带货中，品牌宣传的成分甚至商品宣传的成分被弱化了，消费者更多是冲着主播的人格魅力去消费的。

5. 商家与消费者之间的法律关系

网络直播营销行为中，商家与消费者的关系可以根据购买行为是否发生进行区分。

如果消费者只是观看了直播带货，并未进行交易，则仅仅是网络信息内容生产者和使用者之间的关系。商家作为网络信息内容生产者，应当制作、复制、发布符合有关规定的网络信息内容，而消费者作为网络信息内容使用者，则应当按照法律法规的要求和用户协议约定，切实履行相应义务，在以发帖、回复、留言、弹幕等形式参与网络活动时，文明互动，理性表达。

一旦消费者下订单，不论后续是否完成交易，还是取消订单或者退货退款，双方之间都成立买卖合同的关系，应当适用民法典中的合同编、侵权责任编，消费者权益保护法等法律。商家应当对于买家承担如实宣传、告知，保证商品质量以及售后服务等一系列义务。根据民法典侵权责任编的规定，因商家的过错使产品或者服务存在缺陷或其他问题，造成消费者损害的，商家应当承担侵权责任。

6. 主播（或 MCN 机构）和直播平台之间的法律关系

主播（或 MCN 机构）和直播平台之间可能出现的合作模式有两

种：第一种，主播只是在平台注册了直播账号；第二种，平台同主播签署协议，该协议可能还是排他性的独播协议。

第一种关系是，主播和直播平台之间依据《注册协议》产生的服务使用合同关系。直播平台提供技术服务双方之间的权利义务关系遵从《注册协议》的约定。直播平台正常提供技术服务，主播正常开播，此种情形下，直播平台提供的是一般内容平台的技术服务。

第二种关系是，主播和直播平台之间签署《独播协议》。在这种情况下，主播和直播平台之间的法律关系可能是劳务合同关系也可能是劳动合同关系，应依据双方的服务合同进行判断。尤其是在排他性的独播协议中，如果主播和平台之间产生纠纷，很多主播会起诉要求确认劳动合同关系。

四、专题研讨

（一）网络直播营销主播的法律定性

"主播"或"网络主播"，是直播行业中的称呼，一般指随着视频直播平台的兴起，在互联网上公开直播的人。其主要特点表现在直播内容多以主播的即兴发挥和参与者观众的自由互动为常态，整个直播间成为主播与观众共同生产创造的数字空间。观众打赏成为主播表演主要的盈利方式，主播在这一过程中不仅是内容生产主体，也是经营主体，其内容生产和销售同时完成，使得直播间的主播活动呈现出向游戏转变的趋势。只是这一游戏不再单纯以玩家对游戏规则、角色、表现的控制为主，而是主播与观众之间的双向互动控制，主播作为这一直播游戏的组织者和支撑性角色，为用户创造了线下社会难以拥有的陪伴感、存在感、荣誉感、满足感等。

根据网络直播营销主播与商品经营者之间的关系，网络带货主播分为三种：个人主播、与网络直播平台签约主播、与商品经营者签约主播。个人主播是指代表个人在网络直播平台注册使用，并推荐商品或服务的主播。与网络直播平台签约主播是指与网络直播平台之间达成劳务隶属关系的主播。与商品经营者签约主播是指作为商品经营者员工的主播。

根据网络带货主播在直播营销中作用和角色的不同，网络带货主播可分为头部主播、自然人主播。头部主播是指主播本人拥有巨大的粉丝流量，在直播营销整个产业中处于主导地位，多以法人或非法人等其他组织形式在市场中参与交易的主播。自然人主播是指主播本人并没有大量粉丝流量，在直播营销中处于产业的一环，多以自然人身份在市场中参与相关活动。

1. 主播并非广告代言人、广告发布者或广告主

由于网络带货主播最外在的表现就是在网络直播间推销商品和服务，因此有不少观点在确定带货主播的法律性质时，直接定位为广告代言人。广告法第二条第五款规定："本法所称广告代言人，是指广告主以外的，在广告中以自己的名义或者形象对商品、服务作推荐、证明的自然人、法人或者其他组织。"亦即，对广告代言人的认定需要符合三个要件：一是以自己的名义或者形象进行推广，二是对商品或服务做了证明或者推荐，三是非广告主。如果带货主播的直播行为符合这三个要件，那么带货主播应属于广告代言人。网红与广告代言人的行为一样，是以自己的名义对所带的货作推荐，吸引粉丝购买。不同之处在于，互联网版的广告代言人在直播过程中，粉丝可以与网红直接沟通留言，了解商品情况，同时粉丝还可以看到其他粉丝的购买评价。网红"直播带货"的本质是一种商业广告活动，其中直播卖货的网红主播只要符合"在广告中以自己的名义或者形象对商品、服务作推荐、证明"，就应当被认定为广告法中的"广告代言人"。

然而，这些认定都是以法律适用的方式、通过对法条的套用来推定带货主播的广告代言人属性，即通过"直播带货属于商业广告行为"这个大前提，来推导出带货主播是广告代言人、广告发布者或广告经营者。但对于"为什么直播带货是商业广告行为"并没有给出具体有力

的理由，没有具体深入探讨法律到底该如何定性直播带货这一行为，相应的直播带货主播的定性问题也没有坚定的基础。

传统广告除宣传商品外，还具有更多的品牌宣传功能。而在网红直播带货模式中，品牌宣传的成分甚至商品宣传的成分都大大被弱化了，消费者（粉丝）多是冲着主播的人格魅力去消费的，直播带货体现出更多的交易特征，而不是广告特征。

而从合同法角度来看，商业广告通常属于要约邀请。传统商业广告之所以被称为广告，是因为广告与交易在时空上是分离的，时空分离特征非常明显。但在直播带货模式中，主播推介商品与商品交易在时空上是合一的。这种情况下，主播针对营销商品所作出的允诺在法律上不再属于要约邀请，可以直接构成要约。在这种情况下，直播间已不再是或主要不再是一种信息传播的媒介，而是一个实实在在的交易空间。

另外，从广告与网络直播营销产业中的类型区分、主体关系、内容生产以及传播形式来看，二者都存在明显的差异。

首先，网络直播营销的模式远未统一，已经呈现而且将会呈现截然不同的商业逻辑和主体关系。如前文所述，对直播带货进行大致分类，可将其分为商家雇用主播销售自营商品或服务，以及主播独立于商家，通过自身个人粉丝流量进行带货两种模式。这两种不同模式下的主播在商业逻辑或法律关系中可能都有不同的角色和定位。因此，需要根据直播的具体场景和内容，来具体判断主播的法律属性，并进而确定出现纠纷时的法律依据，一概适用传统广告法的思路，并不科学。

其次，独立主播的商业模式、主体定位和关系结构，亦与广告发布过程有明显差异，不应适用广告法的规则体系。在独立主播直播带货的商业模式中，一方面，主播及其 MCN 机构从委托推广的商家那里获得收入，另一方面，主播也运用其自身的粉丝经济特征，此时主播的核心商业价值相当一部分来自其观众，所以主播及其 MCN 机构不仅只考虑商家的利益，也在相当程度上有动力和意愿去考虑观众即购买者的感受和利益。在这个意义上，主播与传统作为广告发布者的媒体机构，存在较为实质性的差异。

再次，在内容生产和传播形式方面，直播带货也存在明显区别，沿用广告法事先审核和强化保护的要求，既无必要，亦不可行。广告制作是专业组织的系统性工程，而且广告内容意在面向公众进行反复播放，对广告内容和相关资质进行事先审查，存在可行性与必要性。在广告传播过程中亦是同理，一方面要考虑到对于弱势消费者的误导性影响，另一方面要考虑普通公众的心理感受及其可能产生的不良影响。与广告制作与传播完全不同，直播带货一般没有预先设定的内容制作过程，大量内容是主播在直播过程中一次性呈现，极少回放，而且很多内容具有即兴、随机、互动等特征。如对所有直播内容都按照广告法进行事先审核，不仅会产生巨大的资源消耗，而且实际上也不具有规则落地的可操作性。从广告法架构下的事前审核机制，转变为事中、事后监督治理和责任追究机制的建立，从强调政府监管到注重平台治理和自律机制的建构，应是海量直播带货问题治理的务实思路。

最后，网络直播营销跳转到第三方电商平台的模式是，观众通过观看主播介绍下单，通常会跳转链接到一个电商平台的商家页面完成交易，在这个过程中，对于卖家的资质审核等“把关”义务，一般都由相应的电商平台来完成，在消费者权益保护层面，已经足以实现保护，这一层结构也与传统广告发布者的产业结构不同。在广告主和消费者之间，电视台等媒体作为广告发布者，可能是为保护消费者权益而“把关”的唯一一道屏障。在已经存在电商平台作为“看门人”的机制中，再要求负责带货的主播及其机构进行海量商品的事先审核，成为叠床架屋的制度设计，殊无必要。①

2. 不可一概将主播认定为平台内经营者

直播带货主播的第二种身份定性考虑是：是否构成平台内经营者。

---

① 参见《网络直播带货应当适用有别于传统广告法的治理机制》，载《中国市场监管报》2020年7月28日。

根据电子商务法第九条的规定，平台内经营者是指通过电子商务平台销售商品或者提供服务的电子商务经营者。由于直播带货主播最外在的表现就是在直播间完成了销售商品或者提供服务的过程，因此对于直播带货主播的法律定性问题转化为直播平台是否构成电子商务平台经营者，也即若直播平台构成电子商务平台，那主播自然就是平台内经营者；若直播平台不构成电商商务平台，主播则不构成平台内经营者。

根据《市场监管总局关于加强网络直播营销活动监管的指导意见》中对于网络平台经营者法律责任的规定，“网络平台为采用网络直播方式销售商品或提供服务的经营者提供网络经营场所、交易撮合、信息发布等服务，供交易双方或多方独立开展交易活动的，特别是网络平台开放网络直播推广服务经营者入驻功能、为采用网络直播方式推广商品或服务的经营者提供直播技术服务的，应按照电子商务法规定履行电子商务平台经营者的责任和义务。网络平台为商品经营者（含服务提供者，下同）或网络直播者提供付费导流等服务，对网络直播营销活动进行宣传、推广，构成商业广告的，应按照广告法规定履行广告发布者或广告经营者的责任和义务。网络平台以其他方式为其用户提供网络直播技术服务，应根据平台是否参与运营、分佣、平台对用户的控制力等具体情形，适用电子商务法关于电子商务平台经营者的相关责任和义务，或适用法律法规关于网络服务提供者的责任和义务”。

根据这一规定，开放经营者入驻功能，采用网络直播方式推广商品或服务的经营者提供直播技术服务的网络平台经营者也同样是电子商务法规定的电子商务平台经营者。那么，带货主播也将被认定为电子商务平台内的平台经营者。

但在考虑对带货主播进行法律定性时，需要明确两个前提：首先，目前直播平台上几乎所有主播都可以进行直播带货，而几乎所有用户都可以开通直播功能，也就是说直播平台由于给用户和创作者赋能，导致几乎所有的用户都具备了带货主播的潜能，因此将众多用户都认定为经营者并不合理，可能会破坏平台共创经济的发展；其次，目前各种类型直播平台上的头部直播带货主播每场直播的带货量都特别惊人，确实对其有认定为经营者、让其申领营业执照的迫切需要。因此带货主播是否被界定为经营者并不是一个全是或全非的问题，将带货主播全部都界定为经营者或都不界定为经营者均失之偏颇；应当对带货主播进行类型化的处理，通过法律规定进行价值衡量。

结合行业实践，平衡各方利益，本报告认为，可按以下标准对带货主播进行分类：

第一类带货主播是商家的雇员或员工。在这种情况下，不管是在传统电商直播平台上带货，还是在引流平台上带货的主播，其法律性质被商家的定性所吸收，这类带货主播行为的权利和义务由雇佣其的商家来承担，法律上并不存在定性的难点。

第二类带货主播是隶属于某个商事主体的人员。一如目前各平台的头部带货主播，要么主播本身成立了公司，要么主播就职于 MCN 机构。对于这一类带货主播将其定位为经营者，具有合理性，也并不存在较大的争议。《网络直播营销行为规范》第二十九条规定，主播以机构名义进行直播活动的，主播机构应当对与自己签约的个人主播的网络直播营销行为负责。

第三类带货主播是自然人主播。其既不是商家的雇员，也不属于公司或 MCN 机构等商事主体。这类主播有些凭借其优秀的内容创作能力获取了大量的粉丝，有些凭借其本身自带的流量成为网红主播，如明星主播等，其余的大多数自然人主播可能只是利用业余时间进行直播带货。自然人主播领域也服从“二八”定律，真正头部的网红或明星直播带货主播只占极小部分。对于这类自然人主播的经营者定性显然属于价值判断问题，目前争议也较大。

自然人带货主播是否构成经营者，也应该考虑到具体不同的情形。从传统民法的视角来看，自然人主体要构成经营者应该具备如下要件：一是开展商品或服务的交易活动；二是目的具有营利性；三是经营活动持续稳定经营。因此，电子商务法在第十条对电子商务经营者的认定中设置了但书条款，把个人销售自产农副产品、家庭手工业产品，个人利用自己的技能从事依法无须取得许可的便民劳务活动和零星小额交易活动排除在电子商务经营者市场主体登记的范围之外。作出这样的规定，主要也是考虑到这些活动的主体对其销售商品或提供服务并没有持续稳定性。同理，中国广告协会发布的《网络直播营销行为规范》把主播认定为在网络直播营销活动中与用户直接互动交流的人员，并没有直接把主播认定为经营者。

除了稳定经营这一标准之外，目前还有一些形式上的分类标准来区分自然人主播是否构成经营者，如主播是否开通购物车功能、主播粉丝量数量、每月的直播带货时长等。在进行价值衡量的过程中，同样可参考这些标准来划定界限，以更好地平衡自然人主播的权利与义务，既保证交易安全，也保障“长尾”自然人主播的权利。

2021 年 3 月 15 日发布的《网络交易监督管理办法》第八条第二款、第三款规定：“个人通过网络从事保洁、洗涤、缝纫、理发、搬家、配制钥匙、管道疏通、家电家具修理修配等依法无须取得许可的便民劳务活动，依照《中华人民共和国电子商务法》第十条的规定不需要进行登记。个人从事网络交易活动，年交易额累计不超过 10 万元的，依照《中华人民共和国电子商务法》第十条的规定不需要进行登记。同一经营者在同一平台或者不同平台开设多家网店的，各网店交易额合并计算。个人从事的零星小额交易须依法取得行政许可的，应当依法办理市场主体登记。”

可见，对于利用网络社交、网络直播等开展网络直播营销的带货主播，也可以借鉴有关规定，将符合一定营业额标准或特定行业豁免主播的经营者定性，以更好地促进就业，让利低收入主播创作者，促进主播的共创活力。

3. 主播的内容创作者本质

带货主播在直播间进行直播带货的过程，很显然也是通过主播的语言、才艺或直播间展示等向用户展示内容的过程，特别是在大多数自然人主播完成少量直播带货的情况下，其直播间内容跟一般的以粉丝打赏为主的直播间并无多大区别。在这一意义上，主播也是内容创作者，只不过其是对商品或服务的销售过程进行引流的主播。

从最初的秀场主播、游戏主播发展到近两年火爆的直播带货主播，主播从原先单纯的才艺、游戏解说等内容创作者开始往商品或服务推销靠近，但本质上对于直播带货主播来说，其原先的定位依然是内容创作者。

（二）直播平台的法律性质

网络直播营销往往被分为两种不同的商业类型：一种是在传统电商平台上通过自建直播间来实现直播带货；另一种是在直播平台上发展起来的通过链接跳转到电商平台（包括内建电商平台和第三方电商平台）来实现直播带货。这两种商业类型的本质区别是入口平台的差异。在第一种商业类型下，用户从电商平台应用程序进入直播间，而在第二种商业模式下，用户先进入直播平台应用程序再产生消费行为。虽然两种不同商业模式下的用户会存在类似的消费路径，都可以实现“边看边买”等类似功能，但是在法律责任的产生和界分上，入口平台的性质差异将直接影响直播平台在网络直播营销活动中的作用和地位。

在电商直播平台①中，从销售形式来看，这类直播可概括为“电商+直播”模式，即在传统电商平台中加入直播技术。从主播构成来看，电商直播平台上，头部主播创造的销售额在整个电商直播营销总额中的占比较大，而且直接由商家或商家内工作人员担任主播的比例也比较大。从用户购买方式来看，用户既可以在直播过程中直接点击链接购买，也可以在直播结束之后的回放视频中点击链接来购买商品或服务。

电商直播平台中，还有一类在本地生活服务平台上发展起来的直播

① 所谓“电商直播平台”，是指在电商平台上发展起来的，为商家、主播及MCN机构等进行直播营销提供直播技术服务的平台。

平台，又称本地生活服务类直播平台。这类平台除具备电商类直播平台的一般特征外，还具备一些个性化特征，其销售模式可以概括为“O2O电商平台+直播”模式。与一般电商类直播平台相比，本地生活服务直播平台的受众更多局限在某个城市或地区，直播内容以美食、娱乐、游玩体验为主。在直播形式上，这类平台往往采用线上加线下的方式完成体验式直播带货，如云逛街、云旅游等。

而内容直播平台[①]和社交直播平台[②]的销售模式，则可简单概括为“内容（社交）+直播+第三方电商（自营或他营）”模式，其最大特点是用户需要跳转到第三方电商平台。商品或服务交易大多数在第三方（自营或他营）电商平台完成，因此用户购买时多有页面跳转行为。从直播内容来看，营销内容在全部直播内容中占比较小，且很多直播带货场景下主播并不出现。从购买方式来看，这类直播平台基本上不提供直播回放功能，用户不能通过事后观看直播回放视频来购买商品或服务。并且，从直播营销场所来看，社交类直播平台多在社交群组内进行直播营销，具有较强的隐蔽性，监管难度较高。

1. 直播平台未必是电子商务平台经营者

作为电商平台的老问题，电商类直播平台引发的交易风险可以直接被电商平台原有的风险防范机制所吸收。相比之下，非电商类直播平台，因平台本身功能不同，在短时期内难以厘清法律定性和责任问题，加之消费者投诉案件日益增多，相关市场监管部门尤为关注这两类平台的交易监管责任问题，并积极尝试与平台方一同寻找有别于传统电商平台的交易监管方式。

消费者权益保护法第四十四条首次提出了“网络交易平台提供者”这一概念。如果直播平台构成网络交易平台提供者，那么直播平台需要

① 所谓“内容直播平台”，是指在网络音视频平台、知识共享平台上发展起来的，为商家、主播、MCN机构等进行直播营销服务提供直播技术服务的平台。

② 所谓“社交直播平台”，是指在网络社交平台上发展起来的、为商家、主播、MCN机构等进行直播营销服务提供直播技术服务的平台。

协助消费者维权，包括提供购物相关信息甚至承担先行赔付责任。从学界分析来看，网络交易平台提供者之服务内容为向销售者、服务者提供网络平台空间，展示商品或者服务，吸引消费者与销售者、服务者进行签约。若以此为标准进行判断，内容类和社交类直播平台难以构成网络交易平台提供者。对于这些直播平台而言，直播间可以为销售者和服务者提供商品和服务展示空间，但其同时还存在大量如游戏直播等其他类型的直播。因此，内容类直播平台虽然在客观上能够帮助主播和商家吸引消费者，但是主观上很难成立“吸引签约”的一般目的。

在电子商务法出台之前，电商平台经营者在法律上通常被认定为网络交易平台提供者。自电子商务法出台后，学界也出现了不少观点，主张将网络直播带货中的直播平台直接认定为电子商务法中的“平台经营者”。其理由不外乎以下几点：第一，直播平台在直播营销带货过程中，提供了“下单”或“支付”等“交易撮合”服务，提供了“网络经营场所”“交易撮合”或“信息发布”等功能，因此其构成电子商务法“平台经营者”；第二，直播平台提供了经营者入驻功能，并通过网络直播方式为推广商品或服务的经营者提供直播技术服务，因此，应当按照电子商务平台经营者承担相应的法律责任和义务。于 2020 年 11 月 5 日发布的《市场监管总局关于加强网络直播营销活动监管的指导意见》，也是按照这种观点来认定网络直播平台的法律性质的。

针对第一种理由，本报告认为，要将直播平台认定为电子商务平台经营者，应当同时具备“提供网络经营场所”“交易撮合”和“信息发布”三要件：

我国电子商务法第九条第二款规定，“本法所称的电子商务平台经营者，是指在电子商务中为交易双方或者多方提供网络经营场所、交易撮合、信息发布等服务，供交易双方或者多方独立开展活动的法人或非法人组织”。从文义来看，这一定义有两种解释：第一种是平台须同时提供网络经营场所、交易撮合、信息发布等服务才构成电子商务平台经营者；第二种是只要平台提供其中任一服务即构成电子商务平台经营者。仅通过文义解释，并不能得出明确、唯一且可以用于实务判断的结论。不过，结合电子商务法的立法目的，运用体系解释方法并参考已有司法实践经验，可以发现，采用第一种解释更加恰当。

首先，从电子商务法的立法目的和宗旨来看，对电子商务行为专门立法主要是为了防范虚拟交易双方安全风险、交易信息造假风险、交易售后难救济风险以及交易损失难补救风险，因此需要通过构建适用于平台、商家的信息公示登记、投诉受理、售后保障、第三方支付担保等一整套制度来保障交易安全，以解决虚拟交易本身存在的信任缺失等问题。因此，电子商务法的规制是以保障和达成实际交易发生的效果为前提，保护交易各方的安全，以防范虚拟交易产生的上述风险。

其次，从平台对交易的介入程度来说，单纯地提供经营场所、交易撮合和信息发布中的任一功能，不足以使平台具备建立交易信任、管控交易的能力。在互联网资讯时代，任何平台都可能具备信息发布功能，任何平台都可能会提供虚拟的经营场所，若以这两个任一标准来认定电商平台经营者，显然会导致电子商务法陷入执行不能的境地。关于交易撮合的认定，也应该以达到交易撮合的效果来认定，因为当以具备撮合交易的目的来认定时，平台对很多实际发生的交易行为并不具备控制力，所以很难具有管控交易的能力。我国电子商务法第五十二条至第五十六条和第三十九条专门规定了快递物流服务提供者、电子支付服务提供者以及信用评价服务提供者，也是考虑到这类平台对交易管控的程度不足以达到电商平台经营者的程度，在监管上要与电商平台经营者有所区别。

再次，从司法实践来看，目前大多数法院是按照三要素齐备说的形式标准来判断是否构成电子商务平台经营者。如一个计算机合同纠纷案件判决写道：“（该公司作为网站的）运营和管理方，提供网上经营场所，发布相关信息，撮合交易，供交易双方独立开展交易活动，应当认定为电子商务平台经营者。”① 在这份判决中，法官在得出“应当认定为电子商务平台经营者”结论之前，依次列举了“提供网上经营场所”“发布相关信息”和“撮合交易”三个条件，并补充“供交易双方独立开展交易活动”，可以看出法官的态度还是比较明确的，即该公司是因为同时具备上述三要件才会被认定为电子商务平台经营者。可见，司法实践中也是按照三个要件同时具备的标准来判断是否构成电子商务平台经营者。

仅仅具有“网络经营场所”“交易撮合”或“信息发布”中部分功能的直播平台，并不能被认定为电子商务平台经营者。其原因在于，一方面，仅凭主播在短视频直播平台上发布了销售商品和提供服务的信息就将平台提供者认定为电子商务平台经营者，会导致大量的内容平台被直接纳入电子商务法的规制范围，电子商务法的适用范围随之扩大，这与电子商务法的立法目的不符。另一方面，在对交易撮合进行理解时，需要秉持当平台为交易主体提供订单管理、物流追踪、支付等功能时，才能被认为提供了“交易撮合”服务的原则，其他仅具有交易撮合效果或交易撮合目的的平台不宜被认定为电子商务平台经营者。

最后，将“开放经营者入驻功能”作为衡量直播平台是否构成电子商务平台经营者，并不存在上位法的依据，而且也不符合平台须建立交易系统才构成平台经营者的要求。殊值注意的是，“经营者”本身并不是一个明确的法律概念，如广告经营者、内容经营者等都可以成为经营者，如果直播平台仅仅是向这类经营者开放入驻功能并提供直播技术，则可能并不存在电子商务法范畴下的提供商品或服务销售的过程。如果以经营者入驻作为标准，那么为电商平台提供支付、链接跳转等服务的平台可能都被认定为电商平台，导致电商经营者与电商平台经营者概念混淆，电子商务法甚至可以延伸适用到所有的互联网平台，这一扩

① 天津市第三中级人民法院（2019）津03知民初479号民事判决书，载裁判文书网，https：//wenshu. court. gov. cn/website/wenshu/181107ANFZ0BXSK4/index. html？docId = d448e3a11a4c-46d4ad7dabd8014f1724，最后访问时间：2022年2月10日。

张适用显然并不合适。

基于上述分析，电子商务法的平台经营者应该同时具备提供网络经营场所、交易撮合、信息发布等服务，尤其要注意判断“交易撮合”是否达到为交易双方独立开展交易活动提供平台的程度。一旦缺少某一要件，都不能再被认定为电子商务平台经营者，至多被认定为“通过自建网站、其他网络服务销售商品或者提供服务的电子商务经营者”。2021年3月15日，国家市场监督管理总局网监司负责人就《网络交易监督管理办法》答记者问时也认同了上述观点：“《办法》将当前新业态中最典型的平台性服务，明确归纳为‘网络经营场所、商品浏览、订单生成、在线支付’，网络服务提供者同时提供上述服务，就为网络交易提供了全流程的支持，应当依法履行网络交易平台经营者的义务。通过上述平台性服务开展交易的经营者，应当依法履行平台内经营者的义务。”单纯提供网络经营场所、商品浏览、订单生成、在线支付等上述功能之一的引流平台、支付平台等，一般不宜直接认定为网络交易平台经营者。①

2. 直播平台是否属于广告发布者

要判断直播平台是否属于广告发布者，需要从直播平台发布的内容、直播平台对主播发布内容的控制力两个方面进行判断。

一方面，从发布内容来看，网络直播营销不同于广告发布行为，是目前学界与监管机构达成的共识。共识的核心内容包括：（1）网络直播营销不完全等同于广告发布；（2）网络直播营销有部分内容涉及广告发布；（3）单纯通过一部法律规制网络直播营销是不够的，须结合具体行为和场景适用不同的法律法规。在学界，有学者直接提出，将直播带货视为商业广告缺乏学术支撑，因为直播带货中的商业广告类似于电影中的植入广告，但通常不会认为电影属于商业广告，自然，也就不

① 参见《市场监管总局网监司负责人就〈网络交易监督管理办法〉答记者问》，载国家市场监督管理总局官网，http://www.samr.gov.cn/xw/zj/202103/t20210315_326927.html，最后访问时间：2021年3月17日。

能将直播带货整体视为商业广告。然而，直播带货活动中的主体关系更加复杂，内容生产和传播形式也存在差异，传统广告法律框架未必能够完全适应直播技术发展带来法律关系变化。

另一方面，从直播平台对主播发布内容的控制力来看，直播平台很难一概认定为广告发布者。平台对直播内容的弱控制模式意味着直播平台几乎不可能决定直播的发布时间、具体内容，因此，不太可能有机会核对发布内容。从法律规定来看，广告发布者必须有核对内容的能力，对互联网广告发布者的判断须采用“审核加控制”标准。《互联网广告管理暂行办法》第十一条规定，为广告主或者广告经营者推送或者展示互联网广告，并能够核对广告内容、决定广告发布的自然人、法人或者其他组织，是互联网广告的发布者。目前看来，无论是合作模式还是技术能力，直播平台对带货主播的具体直播内容几乎不具有决定发布和核对内容能力。

在学理上，从可预见性标准、近邻性标准和公平性标准综合考虑，直播平台并不契合广告发布者须承担广告审核义务的定位。

第一，可预见性在法律上体现为“应知”或“明知”，这一点与广告法第四十五条对互联网信息服务提供者的规定是一致的。但是，只提供技术服务的直播平台在一般情况下对直播中出现的违法广告并不具备明知或应知的可能性。传统广告发布者的特点在于呈现能力和控制能力统一，广告发布者既是发布平台的提供者，也是发布行为的完整实施者，因此可以同时满足可预见性、近邻性和公平性标准。相比之下，互联网广告的最大特点是信息量大，插播广告在直播间内的显露程度并不一致。因此，从可预见性标准来看，要求直播平台对每一场直播活动是否含有违法广告内容都有预见能力显然是不现实的。

第二，近邻性则是指基于某种身份，可以用较为经济的方式控制他人行为。对于互联网广告活动，近邻性主要考察作为互联网信息服务提供者的直播平台与互联网广告活动主体之间的社会关系。如果互联网信息服务提供者没有参与广告代理、制作或发布，仅仅是广告信息传播者，则直播平台与广告活动主体之间的社会关系较远，不符合近邻性标准，即使满足预见性标准，也不应该承担广告审查义务。目前网络直播营销存在多种模式，直播平台与网络营销直播主体之间的关系不能一概而论。如果直播平台直接与商家签订广告代理、发布、制作、设计等协议，则直播平台与传统广告主体没有实质区别，其近邻性程度最高。如果直播平台与主播之间存在经纪协议，则其近邻性程度稍高，但是否需要承担审查义务还要结合直播平台与主播之间的协议内容具体判断，如佣金分成、对主播行为的控制程度等。如果直播平台与商家、主播之间都没有签订广告协议，但在平台前端有推荐、精选、置顶等优先呈现方式，而呈现内容完全只是算法推荐的结果，则此种情况下，近邻性程度最弱。如果并不完全是技术操作结果，则可以进一步考察直播平台是否受偿、是否知道广告具体内容等因素。

第三，从公平性原则来看，一是考虑现有的技术能否达到自动筛查直播活动中的违法广告内容的程度。这类技术与敏感词过滤技术不同，目前看来，平台还未能实现无须人工干预即可对直播内容进行技术筛查。二是考虑人工审核的经济成本和判断能力，如果要求平台雇用大量审查员对平台内直播活动进行逐一排查，显然会大大提高直播平台的运行成本，与其作为技术提供者获得的网络空间租赁收入不成比例，整个互联网广告产业和网络直播营销产业最终将因竞争力减弱被市场淘汰。

总之，结合目前直播带货中直播平台的作用与现状和互联网广告发布者的定位来看，笼统地将直播平台直接定性为广告发布者并不恰当。较为恰当的方式是，先区分不同的直播带货场景，再依次分析不同场景下各主体的法律性质与责任。当直播平台既符合具有核对并控制广告发布能力的形式标准，又符合可预见性、紧邻性和公平性实质性标准时，才能够被认定为广告发布者。

（三）直播平台的法律义务

基于对直播平台上现有业务场景的梳理，所有直播平台包括网络营销直播、游戏直播、秀场直播等，都需要承担平台资质审核责任、内容安全管理责任、个人信息和隐私保护责任这三类一般法律责任。对于直播平台而言，这三类责任，不论平台类型，也不论平台业务复杂程度，都需要遵照法律规定，通过制定适用于平台用户和主播的平台制度规范、技术方案、人工审查等方式予以落实。

直播平台除了承担上述一般的法律义务之外，也需要承担直播平台涉及网络营销的特殊法律义务。

当主播借助直播平台进行网络营销，单一地要求直播平台承担直播平台或者电商平台责任都不可取。虽然直播平台可能会搭建自有电商平台，但是这两部分责任分属于不同的法律适用范围，以分开讨论为宜。总体来看，如果直播平台上发生网络营销行为，直播平台在信息公示内容和内容审核方面都需要增加营销信息，并鼓励直播平台履行链接审核和跳转提示义务以及建立健全消费者权益保护机制。此外，监管机构可能会进一步落实要求平台提供信息数据以及配合监管执法的义务。

2020 年 10 月 1 日，在北京市市场监督管理局和海淀区市场监督管理局指导下，多家企业共同发布的《网络直播和短视频营销平台自律公约》（以下简称《自律公约》）开始执行。《自律公约》对各主体应承担的义务进行了较为细致的记载。①

1. 内容发布者信息公示义务

直播平台的内容发布者信息公示义务包括主体信息公示和营销信息公示。

（1）主体信息公示

主体信息公示首先要求平台建立主播实名制。平台需要对主播的真实身份信息进行审核，进行基于身份证件、营业执照、组织机构代码证等证件信息的认证登记，确保直播行为“来源可查、责任可究”，落实

① 参见《北京市场监管部门积极探索互联网新业态治理创新 三家企业发布〈网络直播和短视频营销平台自律公约〉》，载北京市市场监督管理局官网，http：//scjgj. beijing. gov. cn/zwxx/scjg-dt/202009/t20200929_ 2102808. html，最后访问时间：2021 年 11 月 25 日。

主播对于直播行为的直接责任。《自律公约》约定，平台对商业推广者（亦即广义的主播）须积极履行平台核验登记义务，依法对申请开通商品或者服务推广功能的商业推广者提供的身份、地址、联系方式、行政许可等信息进行登记，建立登记档案，并定期核验更新。商业推广者的上述信息发生变化的，应当及时更新其信息，并向平台报备。

主体信息公示包括身份信息和信用评价信息。平台还应督促商业推广者落实身份信息公示义务，商业推广者应当在推广者主页显著位置持续公示主体相关信息或者链接标识。如果商业推广者是自然人，应当公示该自然人在平台登记的所在省市的区县级所在地信息，自然人隶属网络直播营销主播服务机构的，应当同时公示服务机构的名称、地址信息。如果商业推广者是法人和非法人组织，应当公示营业执照信息或者其他主体资格证明信息。公示信息发生变更的，商业推广者应当及时更新。

另外，信用评价奖惩机制也应在平台内进行公示。平台应建立商业推广者信用管理体系，建立信用评价奖惩机制，对违法违规的商业推广者实施信用惩戒，强化合规守信意识。

（2）营销信息公示

营销信息公示主要是指，依照《自律公约》，平台应建立网络直播营销信息公示制度。商业推广者在网络直播和短视频营销平台上以直播形式推广商品或者服务的，应当以直播场次为单位，在虚拟直播场所以链接方式公示直播营销的商品或者服务名称，商品或者服务所属商家的姓名、名称，商家售后服务联系方式等真实信息；自然人商业推广者隶属网络直播营销主播服务机构的，应当同时公示服务机构名称。同时，平台经营者在商业推广者主页设置至少一个月历史直播公示信息查询途径，为售后服务及消费维权提供支持。平台应根据自身实际情况，结合商品或者服务特性，制定营销信息及历史直播公示信息保存规则，确保保存方式和时限的合理性，从而保障消费者合法权益，维护网络直播和短视频营销行业市场秩序。

对主播服务机构，平台虽然不需要公示其信息，但是需要履行合理的资质审核义务。平台应当确认主播服务机构依法取得相应经营主体资质，按照平台规则与其签订协议，明确各方权利义务。直播营销平台在与主播服务机构开展合作时，应要求网络直播营销主播服务机构以及机构签约主播提交真实、有效的主体资质材料、账号信息等。

2. 链接审核和跳转提示义务

直播平台应加强消费风险提示，保证消费者的知情权和选择权。在网络直播和短视频营销中，以显著方式向消费者提示跨平台的交易链接跳转去向，提醒消费者注意防范脱离平台进行私下交易的风险。此外，直播平台还应督促商家（和商业推广者）遵循公平诚信原则，遵守商业道德，按照网络直播和短视频营销活动中作出的承诺，落实七日无理由退货、商品服务质量保障等责任。

3. 消费者权益保护义务

根据消费者权益保护法和《自律公约》，直播平台应建立便捷的投诉、举报机制，显著公示投诉、举报方式等信息，及时处理投诉、举报；明确争议处理规则，完善跨平台争议处理衔接机制，依法为消费者做好信息支持，积极协助消费者维护合法权益。

直播平台还应建立网络直播和短视频营销信息检查监控制度。发现商业推广者存在为法律法规禁止售卖的商品和服务进行推广、营销，在推广、营销中引导脱离平台进行私下交易，以流量或数据造假、虚构交易、编造用户评价等方式进行虚假宣传或者引人误解的商业宣传，以欺骗、误导消费者或者是在推广、营销中违反国家关于商业广告的相关管理规定，推广内容违背公序良俗等违法违规行为，应当及时向有关主管部门报告，并采取必要处置措施。例如，对违法违规推广内容进行删除、屏蔽，对开展违法违规宣传推广活动并造成一定不良后果的商业推广者账号做降权、降级处理，或是对经核实存在严重违法违规行为的商业推广者予以清退、终止服务并及时进行跨平台信息通报。同时，建立违法行为处置公示制度，对商业推广者违法违规行为采取必要处置措施的，应当在平台显著位置及时公示处置结果。平台制定平台禁止、限制营销的商品或者服务目录，比如《禁止分享商品目录》，明确禁止、限制营销的商品或者服务事项，督促商业推广者按照目录要求规范开展营销活动，不得侵害平台及任何第三方的合法权益。

4. 内容监管义务

根据《自律公约》，在一般性内容监管上，网络直播和短视频营销活动中所发布的信息不得包含以下内容：（1）反对宪法所确定的基本原则及违反国家法律、法规禁止性规定的；（2）损害国家主权、统一和领土完整的；（3）危害国家安全、泄露国家秘密以及损害国家荣誉和利益的；（4）含有民族、种族、宗教、性别歧视的；（5）散布谣言等扰乱社会秩序，破坏社会稳定的；（6）淫秽、色情、赌博、迷信、恐怖、暴力或教唆犯罪的；（7）侮辱、诽谤、恐吓、涉及他人隐私等侵害他人合法权益的；（8）危害未成年人身心健康的；（9）其他危害社会公德或者民族优秀文化传统的。

平台须进一步提高主播的知识产权保护意识，做到直播内容合乎知识产权规范。平台应规范主播行为特别是与平台签署劳动合同的主播人员的直播行为。平台应加强行业自律，必要时应当开展主播人员的法律培训，净化平台环境。平台应加强监管和自查，对于存在侵犯知识产权风险的直播，应当及时制止，并加以引导。对于正在热播、热卖的作品、版权行政管理部门公布的重点监管作品、权利人已向平台服务商发送了权利声明的作品等，平台应当尽到特别的注意义务。

当直播平台涉及网络营销活动时，平台还需要额外关注与商业行为有关的内容合规建设。如果平台直接接受商家的广告投放、收取广告费用，作为广告发布方的平台也应尽到有关法律法规规定的审核义务。其他情况下，平台应尽到提示注意义务，提示主播直播用语须符合广告法要求，不得使用“国家级”或“最高级”等词语。同时，还需要符合反不正当竞争法要求，不得夸大宣传自己的产品。

（四）当前网络直播营销电商平台法律责任的新问题

1. 网络直播营销跳转中电商平台的信息共享义务

随着直播带货市场的迅猛发展，平台经营者责任落实不到位、主播推荐禁售商品、虚假宣传、消费者维权不畅等问题也随之而来。为解决当前面临的这些问题，直播带货的平台之间协同共治已经基本成为社会共识。而平台间承担信息共享的义务，是实现平台协同共治的关键。

对直播平台与电商平台的信息共享而言，如果直播平台内嵌在电商平台，则这种信息共享问题不大。这些规则之间一般不会出现责任义务分配冲突的问题，也就不存在信息共享的阻碍。

平台协同共治、信息共享的难点是如何实现内容平台或者社交平台等其他直播带货平台与跳转后的第三方电商平台之间信息共享。

国家互联网信息办公室关于《互联网直播营销信息内容服务管理规定（征求意见稿）》第十三条第二款规定，用户通过直播间内链接、二维码等方式跳转到其他平台购买商品或者接受服务，发生争议时，相关直播营销平台应当积极协助用户维护合法权益，提供必要的证据等支持。该条中“必要的证据支持”可以认为是平台间信息共享的法律责任内容之一。依据该条，如果通过直播带货的链接跳转到电商平台购物的用户的合法权益受到侵害或者对购买的商品或服务存在争议，跳转前的直播平台与跳转后的电商平台都要承担一定的信息共享义务，为维护消费者的合法权益提供相关的证据信息。

除监管层面外，行业内部的不同平台之间也已经开始采取行动，通过行业自律公约的形式探寻信息共享的通路。前述《自律公约》在行业治理、促进多元共治方面重点强调了以下三个方面：

首先，加强直播和短视频平台之间的协作和数据共享。建立跨平台联防联控工作机制，共享严重违法主播及其他经营者信息，防范跨平台违法风险。对经核实存在严重违法违规行为的商业推广者予以清退、终止服务并及时进行跨平台信息通报。

其次，加强直播和短视频平台与传统电子商务平台的协作，明确责任划分，完善跨平台争议处理衔接机制，建立健全消费者维权、违法处置工作衔接机制，依法为消费者做好信息支持，积极协助消费者维护合法权益。

最后，加强直播营销平台与政府部门间的协作。为及时制止违法违规行为，积极配合有关部门对违法违规行为采取必要处置措施，建立联合应急响应机制，提供协查数据，配合协助执法。

《自律公约》发布后，多家参与的企业均表示，要与《自律公约》提出的各项要求对标对表，进一步完善平台内部管理规则，加强行业、企业之间的横向协作，提升网络直播和短视频营销行业的整体管理水平，共同维护网络市场秩序，优化网络营商环境，更好地服务经济社会发展大局。

2. 网络直播营销中电商平台的信息公示义务

直播带货电商模式主要的特点之一是法律主体多元，如果平台和平台内经营者在交易过程中对各自的信息披露不完全，容易使消费者在交易过程中对交易信息和交易对象产生错误认识，从而导致交易纠纷增多。强化电商平台的信息公示义务，明确各主体的资质和相关信息是当前以及今后一段时间行业治理的重点和难点。

（1）电商平台信息公示不规范由来已久

在司法实践中，早在2012年就有法院因电商平台信息公示不明，而要求平台对消费者承担法律责任的判决。在上海市浦东新区人民法院（2012）浦民一（民）初字第30521号案件中，上海市浦东新区人民法院认为，系争商品的展示页面上虽然标注了由某某商家发货等字样，但是该提示没有明确区分实际出卖人为第三方，而非该电商平台，故原告有理由相信实际出卖方为该电商平台，因此，法院判定该电商平台为买卖合同的当事人一方承担相应的责任。该案虽远远早于《电子商务信息公示管理办法（征求意见稿）》的发布，但其判决背后的思路，正是意见稿中第十一条主体责任不明时采取“有利于消费者”的原则的应用。

尽管《市场监管总局关于做好电子商务经营者登记工作的意见》（国市监注〔2018〕236 号）积极引导电子商务经营者做好登记工作，但营业执照、行政许可的线上公示义务仍然被不少商家所忽视。为治理平台信息公示不规范，保护电子商务各方主体的知情权，提高交易透明度，2020 年 2 月 12 日商务部发布《电子商务信息公示管理办法（征求意见稿）》，其中第十一条规定，因特殊经营安排导致第三人无法准确识别电子商务经营者的平台经营者身份或者平台内经营者身份的，应当按照最有利于消费者的原则确定其公示义务。依据该条，在电子商务交易过程中，如果信息公示不明造成消费者对平台经营者身份或者平台内经营者身份产生混淆，本着对消费者最有利的原则，消费者可以主张电商平台承担公示不明的法律责任，与电子商务法中有关电商平台的信息公示义务相比，这无疑进一步加重了电商平台的信息公示义务。电子商务法第三十三条和第三十四条只规定了电商平台的信息公示义务包括对平台服务协议和交易规则信息或者上述信息的链接标识的公示，以及对这些内容进行修改后，要在其首页及时予以公示。

《电子商务信息公示管理办法（征求意见稿）》的规定，使得电商平台可能因平台内商家的公示不明而承担本应由平台经营者承担的责任。该立法态度的改变，一方面与电子商务经营者和电商平台对信息公示义务长期以来履行不到位有关，另一方面也与电子商务形式和交易模式变得越来越多样和复杂有关。加重和明确信息公示的义务，对明确各方主体责任，保护消费者合法权益有一定的积极作用。

（2）网络直播营销对电商平台信息公示监管提出新要求

相比于传统的电商平台因信息公示不明而造成销售主体混淆的问题，直播带货的电子商务模式因涉及更多法律主体和“人人皆可做主播”的低门槛，对不同主体的信息公示义务也提出了更高的要求。为了明确法律关系，防止直播带货中的违法违规等欺诈行为，提供技术和服务的平台也应承担更高的监管和审核的义务。

在网络直播带货中，购物行为一般通过点击直播间内设置的购物链接跳转到其他界面进行，如果不同界面内的信息公示不完全，消费者很容易对交易相对方的资质和主体身份产生混淆。又因参与直播带货的主播和 MCN 机构等资质参差不齐，有些为了打擦边球，往往也不愿意主动承担信息公示的义务。2020 年 6 月，北京市消费者协会发布的《直播带货消费调查报告》中显示，在 30 个直播带货体验样本中，有 9 个样本涉嫌存在证照信息公示问题，占比 30%，近三成直播带货商家没有充分履行证照信息公示义务。①

对于实践中暴露的种种问题，《电子商务信息公示管理办法（征求意见稿)》作出了回应。其强调信息公示应本着“准确、及时、充分、便利获取”的原则。其中第三十四条还提出了信用惩罚规则，信息公示义务的履行情况将被纳入电子商务企业信用档案。这种设计利于明确责任主体可追溯，强化电商经营者自我约束、自我监管的意识，保护消费者权益。

具体而言，直播电商平台除要关注自身的信息公示义务的履行外，还要对平台内经营者、主播以及 MCN 机构等的信息公示义务进行监管：一是电商平台要协助公示义务的履行。电商平台经营者要为平台内经营者公示相关信息提供便利，为平台内经营者公示信息的录入提供必要的接入端口和技术支持。二是公示义务的催告。对平台内商家的亮照、亮证义务的履行进行平台内的监管，经平台催告后仍不履行的，平台经营者可以采取必要措施限制其经营活动。三是平台要履行服务协议和交易规定的公示。对修改后的协议和规则要及时公示修改说明和结果。四是设置专门区域，公示平台对违法违规经营者的处罚处理、用户信息查询/更正/删除/注销程序、知识产权侵权通知/声明/处理结果、争议解决规则、信用评价规则等内容。

直播带货中电商平台的信息公示义务的强化，在保护消费者合法权

① 《北京市消协发布直播带货消费调查报告》，载北京市消费者协会网，http：//www.bj315.org/xfdc/202006/t20200616_ 23777.shtml，最后访问时间：2021 年 11 月 25 日。

益的同时，也对平台法律责任的承担起到一定的“避风港”效应。认真履行信息公示义务有利于各方主体免于承担不必要的法律责任。

五、总结与展望

2020年，在线上经济蓬勃发展的大背景下，网络直播营销获得了高速发展，并深入市民生活，改变了广大网民的线上购物习惯。2021年，预计直播电商将继续保持较高速率增长，之后将步入平稳发展阶段。

2020年以来出台的一系列部门规章和地方监管，既有直播平台内容监管规范，也有网络交易监管规范。此外，针对网络直播营销行为的专项规范也相应出台。直播电商监管逐渐进入正轨，这不仅反映了广大消费者的心声和诉求，更是直播电商从业者的殷切希望。与此同时，网络直播营销行业监管还应在大方向上坚持相应的基本理念与原则，如市场主导理念、兼顾经济目标与社会目标理念和法治监管理念等，以促进直播电商行业的健康可持续发展。

坚持市场主导原则，关键在于处理好市场和政府的关系。在市场监管中，市场主导原则集中体现为“非必要不干预原则”，政府介入市场必须审慎和谦抑。对直播带货的市场监管首先需要遵循市场主导原则，市场自身能够解决的问题，政府就不宜进行过多干预。直播带货这种新兴的网络营销模式，在很大程度上改善了营销环境，提高了交易效率，符合消费者的需要。除常规的市场监管外，扩大监管范围须谨慎。

市场监管需要坚持兼顾经济目标和社会目标的原则。市场监管的重心主要在反不正当竞争、反垄断、打击虚假宣传等领域，重在协调市场主体相互之间的关系，维护公平交易秩序，提供市场效率。对直播带货的市场监管也需要兼顾经济效率和社会公平。一方面，要对直播带货中的市场主体经济活动进行监管，依法打击破坏公平竞争秩序的行为，如刷单炒信、虚假宣传、私下导流交易等；另一方面，要对直播带货中产生的产品质量问题、危及公众安全问题、侵害消费者合法权益问题等进行监管。

法治监管理念是指应当运用法治思维和法治方式履行市场监管职能。直播带货是一种新兴的网络营销模式，根据“法无授权不可为”的行政观念，坚持依法监管原则首先要求有明确的法律依据。就直播带货中各参与主体的行为及引发的社会关注的主要问题来看，对直播带货进行市场监管并不存在法律空白问题。直播带货营销模式比较复杂，涉及主体多元且行为多样，法律关系交叉重叠，因此，不能仅依靠某一种法律监管，而需要综合运用多种相关法律进行监管。监管中可能产生法律竞合问题，此时需要正确进行法律依据的选择适用。

在以上基本理念与原则的指导下，直播电商监管应做到直播平台与电商平台分开监管，直播平台应坚持以对用户负责的内容管理为主，电商平台应坚持以对消费者负责的电商平台经营者责任为主。商家、主播及 MCN 机构“跨界”从事网络直播营销需要符合相关法律法规，做到诚信经营，其法律主体性质应当按照具体行为与法律关系予以界定，其法律责任与义务不应超出现有法律规定。未来几年，直播电商行业监管将趋于常态化，期待直播电商在相关法律法规的保驾护航下能够真正成为未来人们日常生活中不可替代的一部分。

观点精选[①]

（一）网络直播营销的法律治理难点

流量经济对现在的广告、直播、法律适用都产生了重大影响。流量经济出现之后，容易增加广告法适用的难度。在流量经济时代，广告责任主体也可能是消费者自己，品牌拥有者成为流量提供者和话题提供

① 受 2021 年 4 月 18 日举办的“大治论坛：全球互联网法律观察（2020—2021）”分论坛四“网络直播营销行业监管问题”中专家、学者的发言启发，本节内容由研究团队会后重新梳理、补充而成。在此对与会专家、学者的专业意见表示感谢，详见本书“致谢”部分。

者。对于平台来讲，平台主要出售的是流量。

在下一个时代，实际上是以流量经济、流量数据为背景的时代。以前所说的广告发布者、经营者，在这个时代将非常模糊。因为流量背景下有算法控制的问题，平台在你刷礼物的过程中进行分成，才有可能把你的视频推到同城置顶页，所以有的时候给平台交“保护费”，这是流量背景下出现的问题。

当前，不少网红主播为了规避法律责任，利用他们的代言费收入、平台流量增长以及直播带货的过程中产生的时间差。因此，网络直播营销的整个流程，如何更好地受到电子商务法的规制还存在问题。

（二）网络直播营销监管方案：从运动型治理到渐进性修复

首先，网络直播营销存在的问题到底是新问题还是旧问题的新包装。第一，直播营销是个新业态。作为一个新业态，它的优势明显且供需良旺，既不完全是广告活动，又不完全是商品流通销售活动，这给它的法律定性带来难题。第二，新业态是否是新平台。网络交易平台、网络直播平台有人认为是新平台，但实际上是基于电商平台、内容平台和社交平台之上，这个“新”要打一个引号。另外一个视角，新业态出现了一些新的问题，但这些新的问题未必是法律上的新问题。比如说当前突出的几点问题，假冒伪劣是一直存在的，互联网时代之前也是长期存在的。虚假宣传和交易数据弄虚作假也是旧的问题，只不过这种新业态出现的时候会被认为是新问题，而实际是披了新衣的旧问题。

其次，既然网络直播营销领域出现的这些问题并没有超出现有法律框架之外，那么值得思考的问题就是：为什么大量的问题还是得不到解决？在网络直播营销活动中，营销行为的多样性以及参与主体的多样性，是相关问题难以解决的重要原因。比如说责任的划分，有可能是网络直播者、广告发布者、广告经营者或者是广告代言人来承担具体责任。

面对网络直播营销中存在的复杂问题，应当避免采取此前在很多治理场景中长期依赖的运动式治理路径。它的优点是短期内可以取得很好的效果，同时短期内能够调动出多方资源和力量。它的缺点同样突出，它只是短期内见效，但问题的风险始终存在。可以借鉴生态学学者的渐进式生态修复理论，当一个生态遭到破坏的时候，不可能也没有必要把它恢复到以前的状态，而是应当面向未来。因此面对网络直播营销中存在的问题，应当注重"生态修复"，即治理之后要注重修复，而不是像以前的运动式治理，治理之后又恢复常态了。这样的修复包括互联网生态的修复、传统广告的修复，还有传统行业的修复。接下来需要让市场自然恢复，交给市场，相信市场的能力。直播营销本来就是市场产物，尊重它的本性和规律，重视市场的作用。

应当建立多主体、多层级的治理体系，摆脱自上而下的运动式治理。充分调动平台和行业协会的积极性，采取渐进式修复，恢复整个行业生态。

（三）网络直播营销中存在的虚假陈述问题

从直播电商的商业模式当中，基本上可以看到三个环节。第一个环节来自 MCN 和网红，还包括一些投资人，这是服务环节。第二个环节是内容生产环节。第三个环节才是消费环节，包括品牌商、供应链等。网络直播营销并不完全是一个新兴领域，它只是会产生新的业态。比如说电商平台，甚至于社交内容平台，都会产生这样的营销活动。在这个过程当中，由于多方主体的存在，必然会把原有的一些问题进行整合，显得更加复杂。当前网络直播营销中最主要的问题就是商品的虚假陈述问题。网络直播营销存在较长的商业链条、多方面主体的共同参与，导致不能完全受到有效的法律规制。

作为治理虚假陈述问题的一个重要抓手，如何使各方主体各司其职特别是强化平台责任，显得特别重要。从理论上来讲，对于平台责任来说通常有三种理论：过错理论、报偿理论、控制理论。其中报偿理论主要指平台在获利的情况下，应该赋予更高的注意力。现有的直播已经从平台服务逐步向内容提供方向发展。随着控制力的加强，以及涉及广泛的经济利益，应当对平台以及其他利益主体赋予更恰当的平台责任。

作为治理虚假陈述问题的另一个重要抓手，是建立科学的监管体系。如何从法律的角度把平台经营者责任落实，这才是关键。平台的角色已经从单纯的服务提供者变成现在的内容提供者，因此必须加强它的合规管理。同时，还是要保持宽容审慎的监管态度，需要在保障消费者利益以及维护商业活力之间寻求平衡。除合理的立法模式外，也需要强化行业自治性、自律性规范的地位。如何在保障新业态发展的同时也保障消费者的利益，这是当下更重要的问题。

针对虚假陈述问题的监管方案，可以分为事前、事中、事后监管。第一，事前监管，健全行业准入。包括网络直播主播的准入，属于审批和备案相结合。对于关系到公民生命健康的内容，还是要采取必要的审批制度，其他情形则需要建立平台监管的备案制度。第二，事中监管，健全多方参与的平台治理机制。深化用户参与机制，让一定的用户参与到争议解决机制中。设立网络主播黑名单制度，将主播违规行为与处罚措施相匹配。第三，事后监管。当前虚假陈述并不完全会受到反不正当竞争法或者是广告法规制，因此只要是虚假的、引人误解的都应构成虚假陈述，要强化落实平台责任。

（四）网络直播带货的区分监管与协同监管

当前，直播带货的生态是一切以主播的流量为基础，在这个基础上进行变现。直播带货存在主播、消费者、供货商和掮客四类主体，因此需要针对直播带货进行区分监管和协同监管。

首先，针对直播带货进行区分监管，原因如下：第一，同一个主体存在不同身份和角色，所以如何对它进行准确定位很难。第二，各个监管部门权限不一，监管部门也非常多。进行区分监管的主要目的就是实现重点监管、有效监管。以主播区分监管为例，主播的角色定位现在可能在法律上还是有争议的：主播是内容的发布者，角色类似“电视台”；主播是平台内的电子商务经营者，这也有可以监管的依据；主播是广告发布者或代言人，属于广告法的监管对象。头部主播的监管跟一般的中小主播监管方式是有区别的，对于头部主播的监管要求应当更高。

其次，针对直播带货进行协同监管。当前主管部门监管在一定程度上缺乏有效工具，需要平台协同监管，具体原因如下：第一，网络直播的特点决定了需要协同监管。网络直播具有实时性，存在大量平台和主播，监管部门不可能进行实时的监控。行政监管是有限的，多头监管数据也很难共享。统一的平台要想解决所有的问题，就需要平台的协同监管。第二，平台具有协同监管的能力和技术。平台除了从主播带货当中得到利益分成，还有准入控制、流量算法控制，主播数据都在平台中。第三，直播平台协同监管，是直播平台的法律义务。我国现行的法律规定都严格要求落实平台的主体责任，但执行起来确实可能存在一些问题，直播平台的协同监管则在一定程度上能够满足有效落实主体责任的要求。

（五）电子商务法需要更有效的实施

电子商务法只是提供了处理电子商务问题的基本法律依据，作为一部上位法，为了具有一定的前瞻性，所以其内容必然是相对概括和相对原则的。现在要将相关问题解决的话，需要依靠行政法规、部门规章来进一步细化，落实电子商务法当中的一些规定，包括法律责任。当前包括国家互联网信息办公室、市场监督管理总局作出的规定，都为解决相关问题提供了很好的依据。关键是在执行当中，如何准确地认定这些主体的定位、行为的性质以及最终责任的划分。

监管的方法、监管的力度、监管的广度和深度，都是我们要仔细考虑的问题。在当前的执法当中，市场监督管理总局对直播营销当中各种属于广告性质的行为，根据广告法进行处理；影响到消费者的行为，根据消费者权益保护法进行处理。但是要注意一个问题，比如直播带货的过程当中，可能一个行为就兼具各种性质。值得关注的另一个问题是法律责任的竞合，不能违反这条线处罚一下，违反那条线也处罚一下，只能抓住最核心的法律关系来确定法律责任问题。在责任划分不清的情况下，在消费领域应当做出有利于消费者的认定，这是一个底线，应当做这样的解读。

同时也要注意，不管我们如何落实电子商务法，其他相关法律、部门规章如何做出具体的规定，永远还是有一些术语、一些行为需要再界定、再解释。这些需要将来通过个案，如典型案例或者指导性案例进行解读。

更进一步的问题，是需要处理好几种关系。第一，行政监管部门和平台监管之间的关系。平台具有自己的私权利，要求平台进行监管，那么平台监管到什么程度、市场监管部门与平台企业的监管责任如何划分，依然是将来法律、行政法规、部门规章需要落实的一个基本问题。第二，监管机构内部，不同部门之间、不同监管单位之间的监管职责、处罚权限之间的关系。第三，市场监管和其他监管部门以及和司法部门之间的关系，特别是大家最关注的违反商品安全保障行为的监管责任划分。

（六）网络直播营销的宏观监管与微观治理

从宏观立法和监管政策角度来说，加强监管，强化平台责任，这是一个主要的基调和旋律。从宏观政策上来讲，要加强监管，特别是法律责任的认定。同时，还需要考量的问题是，哪些方面需要重点监管、哪些方面需要放松监管。刚性的监管抓住重点问题，同时要结合自律性、行业性的软法监管。这样的监管体系才相对灵活，适应性强，并能够使监管活动具体化，是一个更加合理的模式。

从微观治理的角度来说，网络直播营销问题存在两个难点。一是直播平台的责任如何划分，是平台责任、类平台责任，还是网络服务责任；二是直播营销的法律属性。直播营销是否属于广告，这个定性涉及是仅承担平台责任还是承担广告发布者的责任。平台责任在司法领域里面不是特别严重，严重的是广告发布者，广告发布者发出了虚假广告要承担连带责任。这些都需要出台相关法规做进一步的规范。

（七）网络直播营销的社会共同治理

网络直播营销这种新业态主要包含三个要素：一是属于新型的线上平台，依托于互联网；二是属于一种新型的社会交往方式；三是一种新型的营销方式。在三个维度上，都是拓展了原有的业态。广告活动的四大类主体纷纷进入或者转型到了这个业态当中，广告主成为商家，广告经营者很多成为 MCN 机构，广告发布者包括传统的广播电视台，他们也都进入这个领域。传统的广告代言人现在纷纷成为主播，有明星主播，有素人主播等。广告活动的四大类主体都纷纷地选择和进入了一个新领域，这样一个变化，对广告活动来讲也是呈现出了一个新的业态。

面对网络直播所产生的新业态和广告活动所呈现出的新特点，需要多方的共同治理。尽管监管是政府部门的职责，但是这个业态的发展的确也需要社会共治，包括政府监管、行业自律、企业自治和社会监督。行业自律非常重要，从最初的野蛮生长到规范发展，当前这样一个阶段是特别需要加强自律的。立法本身具有复杂性，自律作为一种社会共治的方式显得越来越重要。行业协会的自律主要体现在两个方面，第一个方面是引导市场主体，第二个方面是提供自律的公共服务。

第五部分

未成年人网络保护研究

一、前言

网络空间也是未成年人日常活动的重要空间。2020 年 9 月发布的《青少年蓝皮书：中国未成年人互联网运用报告（2020）》显示，10 岁及更早上网的未成年人数比例达到 78%，首次使用网络服务的主要年龄段集中在 6 ~ 10 岁；未成年人互联网普及率达到 99.2%，远高于同期全国人口互联网普及率 64.5%。[①]

伴随着未成年人互联网普及率的提高，未成年人也正成为网络沉迷、网络犯罪、网络不良信息等网络问题的受害者之一。有数据显示，大约有 46% 的未成年网民曾在上网过程中遭遇暴力血腥、淫秽色情等各类违法不良信息的侵蚀，[②] 全球 70.6% 的 15 岁至 24 岁年轻网民正面临网络欺凌和骚扰的威胁。[③] 未成年人正处于身心发育的关键时期，生理和心理尚未发育成熟，更容易受到外界的影响，加强网络规制是保护未成年人的基本方式。面对未成年人网络保护这一挑战，本报告对 2020 年全年国内外有关未成年网络保护的重点事件进行总结，针对重点突出问题进行分析，并在本报告的最后一部分提出相应的建议。

未成年人网络保护突出顶层立法、发挥高效执法和坚持公正司法的法治原则。2020 年，各国纷纷加大对未成年人网络权益的法律保护：

域外方面，英、美、韩等在立法上进一步细化儿童个人信息保护；执法部门对违规收集儿童信息的企业开出大额罚单；司法案例具有判例法体系的明显特点，关于网络儿童性剥削的典型判例增多。

---

① 参见《青少年蓝皮书：中国未成年人互联网运用报告（2020）》，载中华网，https：//news.china.com/focus/hlwwcnbh/ttiao/13004057/20201209/39055276.html，最后访问时间：2020 年 12 月 27 日。

② 参见《〈未成年人保护法〉修订：十大制度亮点推动未成年人网络保护进入新阶段》，载国家互联网信息办公室官网，http：//www.cac.gov.cn/2020－10/21/c_ 1604847750404918.htm，最后访问时间：2020 年 12 月 22 日。

③ 参见《〈未成年人保护法〉修订的十大变化》，载澎湃网，https：//www.thepaper.cn/newsDetail_ forward_ 9621358，最后访问时间：2020 年 12 月 19 日。

国内方面，新修订的未成年人保护法，对当前未成年人网络保护中的突出问题做出了回应，重点关注未成年人网络沉迷、网络欺凌、网络不良信息侵害等问题的防治。除了立法之外，我国多部门亦高效开展执法工作，全面治理未成年人上网环境。

本报告认为，针对未成年人网络保护问题，立法应对“线上侵害”的认定和处罚等标准进行细化；执法应坚持以行政为主导，多部门配合开展的工作模式；司法应在惩戒违法犯罪行为的同时，体现警示作用；对于社会各界来说，还应加大行业治理、社会治理、强化学校引导、教育和家庭引导的全方位、多层次、立体式保护，以更全方位的方式守护未成年人的健康成长。

二、域内外重点事件回顾

2020 年，全球范围互联网领域未成年人保护的法治建设进展明显。立法方面，我国新修订的未成年人保护法在防沉迷、未成年人隐私保护、违规内容处理、网络欺凌应对等方面创新发展了未成年人网络保护制度。[①] 美国、爱尔兰、韩国、英国等也纷纷加大保护力度，细化儿童网络隐私保护立法和指南。执法方面，自 2020 年 8 月以来，我国多部门联动，开展了持续时间较长的未成年上网环境专项治理行动；域外则主要是给予违规企业年营业额一定比例的罚款。司法方面，严惩网络性剥削和侵犯未成年人个人信息案件较为突出，欧美等发达国家案件增多，韩国“N 号房”事件为其中典型。

（一）立法修法加强未成年人权益保护

我国未成年人保护法修订稿于 2020 年 10 月 17 日通过，于 2021 年 6 月 1 日正式实施。此次修改增设“网络保护”专章，对近年来突出的未

① 参见《让未成年人网络保护更全面有力》，载中国法院网，https：//www. chinacourt. org/article/detail/2020/10/id/5539053. shtml ，最后访问时间：2020 年 12 月 22 日。

成年网络保护的复杂问题作出了明确具体的规定：一是细化主体责任。强调未成年保护的家庭监护、学校保护、社会保护、司法保护和政府保护并重，明确了网信、公安、教育等政府部门的具体职责。二是聚焦关键问题。针对网络沉迷问题，未成年人保护法规定网络游戏、网络直播、网络音视频等网络服务提供者，针对未成年人提供服务时要设置相应的时间管理、权限管理等功能；明确网络游戏要经过特殊批准的制度；建立全国统一的未成年人网络游戏电子身份认证系统。针对网络欺凌问题，未成年人保护法细化了防治网络欺凌的主体责任，规定家长应承担“先报告义务”，平台则承担“后采取措施制止的义务”，应在接到通知后采取删除、屏蔽、断开链接等措施，防止信息扩散。针对网络不良信息泛滥问题，未成年人保护法也对各个主体的监管责任进行了明确。针对未成年人个人信息保护问题，规定了 14 ~ 18 岁未成年人个人信息更正和删除措施，但该更正和删除在实际操作中技术上如何实现，网络经营者在实施该措施时可能增加的额外负担等问题仍有待进一步细化。针对未成年网络主播问题，未成年人保护法规定网络服务提供者不得为未满十六周岁的未成年人提供网络直播发布者账号注册服务，为年满十六周岁的未成年人提供直播账号服务时，应当对其身份信息进行认证。① 总体而言，修订后的未成年人保护法顺应了数字经济时代发展的新变化和新挑战，一改原有法律倡导性条文较多，可操作性不强等问题，对当前突出的问题给予了法律层面的回应。②

2020 年 3 月 1 日，国家互联网信息办公室颁布的《网络信息内容生态治理规定》正式实施。该规定对违法和不良信息进行了界定和分类，明确要求网络平台、网络服务使用者和生产者不得开展网络暴力、人肉搜索、流量造假、操纵账号等违法活动。坚决防范和抵制带有性暗示、

① 参见《让未成年人网络保护更全面有力》，载中国法院网，https：//www. chinacourt. org/article/detail/2020/10/id/5539053. shtml ，最后访问时间：2020 年 12 月 22 日。

② 参见《坚持最有利于未成年人的法律原则》，载中国人大网，http：//www. npc. gov. cn/npc/c30834/202012/55a0bafd73c2496b835b930ec36f4e35. shtml，最后访问时间：2020 年 12 月 26 日。

展现血腥惊悚、煽动歧视、宣扬低俗内容；可能引发未成年人模仿不安全行为和违反社会公德行为、诱导未成年人不良嗜好的不良信息。特别强调网络平台应开发适合未成年人使用的模式。该规定突出了网络信息内容生态治理主体和手段的多元化。在法律责任的承担方面，也从警示整改、限制功能、暂停更新到行政处罚层层递进，突出了治理手段的多元化。

2020 年 11 月 12 日，国家广播电视台总局发布《国家广播电视总局关于加强网络秀场直播和电商直播管理的通知》。针对未成年人打赏问题，该通知明确规定，未成年用户不能打赏，封禁未成年用户的打赏功能。发现主播及其经纪代理暗示、引诱未成年用户“打赏”的，平台须对主播进行处理，列入关注名单，并向广播电视主管部门书面通报。禁止未成年人打赏有助于保护未成人免受不良信息的引诱，做出不理智的财产处置行为。针对 16～18 周岁、以自己的劳动收入为主要来源的未成年人（亦即民法规定的“视为完全行为能力人”）是否可以进行打赏，通知中并未明确。

2020 年 11 月 27 日，中央网信办、教育部联合发布《关于进一步加强涉未成年人网课平台规范管理的通知》。该通知强调，要加强和完善网课平台的备案和管理，逐步建立属地网课平台黑白名单制度，坚决堵塞网课平台漏洞。在日常监管方面，要抓好内容审核，不得以“技术中立”或“算法推荐”为由，推送不适宜未成年人的信息或广告引流内容，防止网课周边出现网络游戏广告以及色情低俗、暴力血腥等不良图文信息。在授课人员的管理上，要进行严格的资质审核，同时注重多部门协同治理，以保障优质线上教育资源供给。可以预见的是，网络课堂仍将持续发展。该通知对推动涉未成年人网课平台健康有序发展，为未成年人创建良好网络学习环境十分必要。

国际上，各国当前立法侧重于对原有法律的补充，强调儿童网络监管责任的落实和细化。

2020 年 1 月 1 日，美国《加利福尼亚州消费者隐私保护法案》（California Consumer Privacy Act，CCPA）正式实施。其细化了儿童个人信息保护，并赋予儿童对其个人信息的一定处置权。该法案第 1798.120 条（c）款将儿童的个人信息处置分成 13 周岁以下和 13～16 周岁两种情况：具体而言，信息控制者向第三方出售未满 13 周岁儿童的信息的，必须经过其父母或者监护人授权；出售已满 13 周岁但未满 16 周岁儿童信息的，则只要儿童自己明确授权。[①] 对 13～16 岁儿童给予一定的自主决定权，与西方一直主张的儿童自我管理（self－regulatory）价值立场相符。

2021 年 5 月，爱尔兰政府发布《在线安全和媒体法规法案》（Online Safety and Media Regulation Bill）。[②]

2020 年 5 月，韩国发布《保护儿童和青少年性行为法（修订）》，加强信息通信从业者责任，防止“N 号房”事件再次发生。[③]

2020 年 8 月 12 日，英国信息专员办公室（ICO）发布关于网络服务的《适龄设计实践守则》最终版，并于同年 9 月 2 日生效，该守则为儿童在线隐私与安全提供了详尽的指引。[④]

2020 年 9 月 7 日，欧盟发布《针对社交媒体用户的指南》。该指南在“处理个人数据给用户的权利和自由带来风险”一章中指出在涉及儿童等弱势群体的情况下，目标定位技术会影响儿童个人喜好和兴趣的形成，最终影响他们的自主权和发展权，因此社交媒体的定向服务需要引起公众的关注和监管的审查。[⑤]

---

① California Consumer Privacy Act of 2018，Title 1.81.5 § 1798.120（c）.

② The General Scheme of the proposed Online Safety and Media Regulation Bill（9，January 2020），https：//assets.gov.ie/100970/c1fa137a－6ddc－487d－a046－fefef230ebd8.pdf.

③ 아동·청소년의성보호에관한법률 [법률 제 17972 호, 2021.3. 23.，일부개정], https：//www.law.go.kr/법령/아동·청소년의성보호에관한법률.

④ See ICO，“Age appropriate design：a code of practice for online services”，https：//ico.org.uk/for－organisations/guide－to－data－protection/key－data－protection－themes/age－appropriate－design－a－code－of－practice－for－online－services/，2020－12－26.

⑤ The European Data Protection Board，“Guidelines 08/2020 on the targeting of social media users”，available at：https：//edpb.europa.eu/our－work－tools/documents/public－consultations/2020/guidelines－082020－targeting－social－media－users_ en.

2020 年 11 月 18 日至 20 日，欧盟通过了《教育背景下的儿童数据保护准则》（Guidelines on Children's Data Protection in an Education Setting）。[①] 准则规定了教育设备、教育应用程序，尤其是远程学习工具，在开发和使用过程中应遵循的原则以及安全性和数据保护标准。该准则围绕立法者、数据控制者和教育行业三主体应采取的措施展开：立法者应审查现有立法、政策和实践，保障儿童的倾听权以及承认并整合儿童的其他权利；数据控制者及时进行风险评估并对此做出合理决策；教育行业应对儿童数据处理设定较高的标准，在设计时默认使用数据保护以及以适合儿童的清晰语言书写和发布隐私信息或其他条款。此外，该准则强调利益相关方应保障儿童的发展权，特别是残疾儿童或处境脆弱的儿童，并采用针对性政策和做法来满足其在数字环境方面的特殊需求。

2020 年 11 月 17 日，韩国修改了《儿童和青少年性保护法》执行令。此次修改废除了对成为性交易受害者的儿童、青少年的保护处分制度和检察官进行教育、咨询的制度。取而代之的是设置和运营性交易受害儿童、青少年援助中心，为受害儿童、青少年提供前途、升学及职业训练的咨询和援助工作。此外，新增“对儿童和青少年及其法定代理人的教育、咨询服务”这一条款，要求性别平等与家庭部为受害儿、青少年援助中心提供运营所需的资金、设备等方面的援助。[②]

（二）执法行动净化未成年人上网环境

2020 年 8 月起，教育部、国家新闻出版署、网信办、工业和信息化部、公安部、市场监管总局联合开展未成年人网络环境专项治理行动，整治未成年人沉迷网络、不良网络社交、网络信息等问题。行动重

---

① Consultative Committee of the Convention for the Protection of Individuals with regard to Automatic Processing of Personal Data, "Guidelines on Children's Data Protection in an Education setting", available at: https://rm.coe.int/t-pd-2019-6bisrev5-eng-guidelines-education-setting-plenary-clean-2790/1680a07f2b.

② 아동·청소년의성보호에관한법률 [법률 제 17972 호, 2021. 3. 23., 일부개정], https://www.law.go.kr/법령/아동·청소년의성보호에관한법률.

点整治未落实网络游戏用户账号实名注册制度、未控制未成年人使用网络游戏的时段时长、向未成年人提供付费和打赏服务的平台；加大对“饭圈”和“黑界”等涉及未成年人不良网络社交行为和现象的治理力度，对涉及未成年人网络欺凌行为以及非法获取个人隐私等违法活动予以查处；重点整治学习教育类网站平台和其他网站的网课学习版块推送网络游戏、低俗小说、娱乐直播等无关学习之信息的问题；坚决清理不良内容。①

2020 年 7 月 2 日，工信部发布《关于侵害用户权益行为的 APP 通报（2020 年第二批）》，其中列出 15 款违规收集和与其他平台共享未成年人个人信息的教育软件②；2020 年 7 月，网信办针对某教育 APP 存在低俗视频、教唆早恋内容等突出问题，约谈网站负责人，通过“黑名单”和限期整改等多手段组合，构建适宜未成年人成长的网络环境。③

2020 年 10 月，挪威数据保护局决定对卑尔根市政府处以约 276000 欧元的行政罚款，原因是该市用于学校与家庭之间通信的工具 Vigilo 存在未成年人数据泄露问题。Vigilo 包含一个家校通信模块，通过该模块学校和家长可以进行互动交流。在使用该工具之前，卑尔根市政当局没有采取充分的技术措施来保护儿童和父母个人信息的机密性和完整性，也未充分评估父母与子女之间信息泄露的风险。④

（三）司法重点打击侵犯未成年人权益的网络违法行为

针对儿童实施的网络违法犯罪中，网络儿童性侵犯或“性剥削”

① 《教育部等六部门关于联合开展未成年人网络环境专项治理行动的通知》，载中国政府网，http：//www. gov. cn/zhengce/zhengceku/2020 – 08/26/content_ 5537641. htm，最后访问时间：2021 年 12 月 25 日。

② 《关于侵害用户权益行为的 APP 通报（2020 年第二批）》，载中国政府网，http：//www. gov. cn/xinwen/2020 – 07/05/content_ 5524298. htm，最后访问时间：2021 年 12 月 25 日。

③ 《国家网信办启动 2020 “清朗” 未成年人暑期网络环境专项整治》，载中国网信网，http：//www. cac. gov. cn/2020 – 07/13/c_ 1596175858869964. htm，最后访问时间：2021 年 11 月 25 日。

④ 参见挪威数据保护局网站，https：//www. datatilsynet. no/aktuelt/aktuelle – nyheter – 2020/endeleg – vedtak – om – gebyr – til – bergen – kommune/，最后访问时间：2021 年 3 月 15 日。

案件以及侵犯儿童个人信息的案件较为突出。

2020 年轰动全球的韩国“N 号房”事件，是网络儿童“性剥削”案件的典型。2019 年 5 月至 2020 年 2 月间，该案主犯赵某涉嫌胁迫数十名女性拍摄不雅视频，并在加密软件上设立聊天室进行有偿分享，赚取数十亿韩元。韩国警方对涉案的共犯 13 人进行立案。11 月 26 日，韩国首尔中央地方法院对赵某一审判处 40 年有期徒刑。① 从立案到宣判只用了不到一年时间，足以看出韩国社会对该案的重视程度和司法力度。

2020 年 10 月，美国卡通斯维尔（Catonsville）一名男子因通过互联网对儿童进行性剥削和网络跟踪被判 24 年监禁。② 被告在 2017 年 4 月至 2018 年 8 月期间，利用基于互联网的通讯服务 LiveMe、Snapchat、Kik 和 FaceTime，胁迫至少 6 名年龄在 8 岁至 14 岁的未成年女性为他制作和发送自己的色情图片和视频。被告还试图对其中一名六年级学生进行性勒索。美国地区法院判处被告 24 年监禁的同时并处释放后终身监控。该案的意义在于，其引起了人们对“现代掠食者”——那些只需要一台电脑和一副键盘就可以对儿童进行性剥削和网络跟踪的网络犯罪者——的重视和极大担忧。

除通讯软件外，网络游戏软件也可能对儿童产生不利影响。2020 年 12 月，美国特拉华州一名男子因在网络游戏系统上捕食男孩而被拘留，罪名是犯有儿童色情罪。③ 在大约 5 年的时间里，被告利用多种游

---

① 参见《韩国 N 号房主犯赵某一审被判 40 年》，载新京报网，https：//www. bjnews. com. cn/detail/160635502715450. html，最后访问时间：2020 年 12 月 19 日。

② See United States Department of Justice，“Catonsville Man Sentenced to 24 Years in Federal Prison for Sexual Exploitation of Children and Cyberstalking”，https：//www. justice. gov/usao – md/pr/catonsville – man – sentenced – 24 – years – federal – prison – sexual – exploitation – children – and ，12 – 18 – 2020.

③ See United States Department of Justice，“Delaware County Man Detained on Child Pornography Charges for Preying on Young Boys Over Online Gaming Systems”，https：//www. justice. gov/usao – edpa/pr/delaware – county – man – detained – child – pornography – charges – preying – young – boys – over – online ，12 – 18 – 2020.

戏充值系统，通过多款热门网络游戏对年轻男孩进行“捕食”。与他们沟通数天，最终说服他们直播自己的露骨色情图片。数十名年龄在8岁至13岁的男孩成为受害者，被告人在被捕时还拥有47000多张儿童色情图片和视频。“现代掠食者”对儿童的性剥削和创伤可能是永久的，因为电脑前的一切都已经被秘密记录下来，并且传到了互联网上。

相比于尚未造成实质的身体侵害的网络“性剥削”，利用互联网引诱未成年人并对其身体实施性侵害的案件更加恶劣。2020年最高人民法院发布的典型案例中就包括一起利用网络平台，以威逼利诱等方式，利用未成年少女和幼女自我保护意识弱，对之实施性侵害的刑事案件。[①] 2013年4月至2014年8月，被告人王某通过网络聊天、电话联系等方式，或经张某（另案处理，已判刑）、侯某某（未满十四周岁）等人介绍，以暴力、胁迫等强制手段强行与多名未成年被害人发生性关系，或明知多名被害人是不满十四周岁的幼女仍与之发生性关系，先后对14名被害人实施奸淫23次，其中不满十四周岁的幼女11人。法院经审理认为，被告的行为已构成强奸罪，社会危害性极大，判处死刑。

针对侵犯儿童个人信息的案件，已有域外法院依据《一般数据保护条例》（GDPR）作出相关判决。2020年5月，荷兰一位三个未成年子女的母亲（原告）向法院提出索赔，要求停止孩子的祖母（被告）在社交媒体上发布其子女的照片。理由是，被告没有获得其前伴侣——儿童的监护人之一——的同意。法院支持了原告的请求，认为被告的行为违反了《一般数据保护条例》（GDPR）第2条第2款c项及第8条第1款的规定，依据该等法条，发布未达到16岁的未成年人的照片需要其法定代表人同意。[②] 该案表明，自2018年以来，《一般数据保护条例》（GDPR）对儿童个人信息的保护已经在司法实践中得以应用。

---

① 参见《被告人王某利用网络强奸被判死刑案》，载中国法院网，https：//www. chinacourt. org/article/detail/2020/05/id/5230997. shtml，最后访问时间：2020年12月18日。

② See GDPRHub，“Rb. Gederland – C/05/368427”，https：//gdprhub. eu/index. php？title = Rb. _ Gelderland_ – _ C/05/368427，12 – 18 – 2020.

三、网络空间未成年人保护的突出问题

（一）社交网络儿童性剥削问题成为巨大挑战

以社交网络为媒介、带有某种交易特征、对儿童实施性侵害的违法犯罪行为居高不下，未成年人的网络保护面临巨大挑战。联合国大会早在1989年11月20日即以第44/25号决议通过《儿童权利公约》（以下简称《公约》），《公约》第34条第2款和第3款[①]对一切形式的儿童性剥削做了禁止性规定。[②] 而我国新的未成年人保护法虽增设了网络保护一章，但并未对儿童性剥削进行专门的定义和规制。

以网络作为“犯罪工具”，对儿童进行性剥削之案件的频发引起了社会各界的热议。在韩国“N号房”事件爆发后，网络儿童性剥削议题更是受到了空前的关注。中国关心下一代工作委员会公益文化中心及北京青少年法律援助与研究中心对此率先做出了回应，于2020年7月中旬发布了《线上儿童性剥削预防和处置平台工作指引》（以下简称《工作指引》）。[③] 《工作指引》共分为包括严禁线上儿童性剥削违法犯罪、建立健全企业内部组织领导机制、巩固提升发现警示机制、全面完善处置报警机制、持续强化多方共治机制等部分，对网络儿童性剥削问题着墨长达四十页，列举了诸如基于互联网联络的强奸犯罪、基于互联网实施组织介绍儿童卖淫等违法犯罪、基于互联网以儿童为对象实施性勒索的违法犯罪、基于互联网发生的猥亵违法犯罪、基于互联网以儿童

---

① 参见联合国《儿童权利公约》（Convention on the Rights of the Child）第三十四条规定：“缔约国承担保护儿童免遭一切形式的色情剥削和性侵犯之害，为此目的，缔约国尤应采取一切适当的国家、双边和多边措施，以防止：（a）引诱或强迫儿童从事任何非法的性活动；（b）利用儿童卖淫或从事其他非法的性行为；（c）利用儿童进行淫秽表演和充当淫秽题材。”

② 参见赵合俊：《禁止儿童性剥削——国际法与国内法之比较研究》，载《妇女研究论丛》2013年第1期。

③ 参见《线上儿童性剥削预防和处置平台工作指引》，载东方网，http：//news. eastday. com/eastday/13news/auto/news/china/20200718/u7ai9398394. html ，最后访问时间：2020年12月23日。

为对象实施性欺凌的违法犯罪、基于互联网与以儿童为对象色情制品相关的违法犯罪、基于互联网持有以儿童为对象的色情制品的行为、基于互联网性引诱儿童的行为等线上儿童性剥削的表现形式，并提出了互联网平台应采取的具体措施。

在互联网高速发展的当代，没有谁能够成为一座孤岛，无论是国家、社会还是家庭，对于发生在网络场景中的儿童性剥削事件治理议题都避无可避，其对未成年人有极大的危害，需要我们及时作出应对，推动该议题沿着更严肃、更具实际操作意义的方向发展。正如北京青少年法律援助与研究中心主任所言，“网络儿童性剥削”对我国儿童权利保护工作而言，是一个新的、巨大的挑战。目前，在主管部门的指导下，音视频产品已经开发了青少年模式，很多热门游戏也接入了青少年保护功能，但在最可能发生儿童性剥削的网络社交平台，还缺乏专门针对儿童的保护模式以及功能。因此，国家应尽快加强研究，及时弥补网络儿童性剥削立法和国家、社会以及家庭在规制网络儿童性剥削方面应有的指导性政策的空白。[①] 同时，随着互联网及新兴技术的发展，网络儿童性剥削问题更需要多样化的应对方式，既要关注儿童行为，也要关注技术解决方案。总而言之，对网络儿童性剥削的规制措施应全面、具体，并吸纳有关部门、企业、学校、监护人和儿童自身等能够在儿童安全保护中有所作为的一系列相关方。[②]

（二）校园欺凌在网络环境下呈现放大趋势

网络欺凌是利用数字技术进行的欺凌行为，即通过社交媒体、即时通讯平台、游戏平台和手机等，以恐吓、激怒或羞辱他人为目的的重复

---

① 参见佟丽华：《韩国“N号房”事件对我国“社交网络儿童性剥削”问题的警示》，载《青少年犯罪问题》2020年第3期。

② 参见联合国儿童基金会驻华办事处（编译）：《数字时代世界儿童面临的网络安全风险》，载《中国信息安全》2018年第6期。

行为。[1] 未成年人是网络欺凌案件的一大受害群体。未成年人接触网络的便捷性，使得未成年人欺凌行为方式已由传统的线下“进阶”到了线上。而在由线下搬至线上后，其社会危害性也发生了显著增长的“量变”。[2] 新未成年人保护法第七十七条明确规定了网络欺凌行为，对网络欺凌行为方式的列举亦为非穷尽式列举：其中的“等”字充分表明了所列举的侮辱、诽谤、威胁或者恶意损害形象四种欺凌行为之外的，且与其具有相同性质或危害性的其他欺凌行为同样将受到规制。同时，互联网的发展让网络欺凌演变为全球性问题。网络欺凌直接导致被害人产生严重的心理压力、创伤和绝望、孤独感，严重影响未成年人的健康发展和成长。

值得注意的是，线下欺凌多发生在校园，学校有条件及时地发现和报告，因此未成年人保护法第三十九条赋予学校及时发现并及时报告的义务。但隐瞒不报的情形仍有可能存在，由此导致的严重后果也触目惊心。与之同理，对于未成年人网络欺凌行为，网络服务提供者很难及时识别和发现，主要依赖于家庭的主动发现和报告，因此未成年人保护法赋予家庭在未成年人网络欺凌治理中的先报告义务，而网络服务提供者承担的则是在接到通知后采取措施制止的义务。

究其根本，从未成年人保护法明确规定的网络欺凌行为的内容可知，网络服务提供者所承担的责任应是防止侵害扩大化，即考虑到网络服务提供者履责存在一定的滞后性，因此未成年人保护法并未要求在源头上对其令行禁止。此种立法技术正是考虑到网络服务提供者在未成年人遭受网络欺凌的问题中具有双重角色，既是欺凌场所的提供主体，又是防范欺凌的主体，而其对网络欺凌行为的管理通常是以冻结账户、禁

---

① 《什么是网络欺凌，如何杜绝？》，载联合国儿童基金会网，https：//www. unicef. cn/child-online-protection/10-things-teens-want-to-know-about-cyberbullying，最后访问时间：2021 年 11 月 28 日。

② 参见刘宪权、林雨佳：《青少年网络欺凌现象的刑法规制》，载《青少年犯罪问题》2017 年第 4 期。

止发言等方式实现。但尽管有网络实名制的存在，网络用户通过各种手段同时注册多个ID账号也很常见，网络服务提供者的管理方式实属治标不治本。[①]

故而，在对未成年人网络欺凌治理的责任主体认识上，应秉承的是“合理+效率”原则，即基于合理性与效率性，家庭与平台在其责任的承担上应具有先后之分。从未成年人保护法的立法目的解释及其制定的背景来看，此种责任分配更为科学，可以视为一种全面稳妥的机制，是在考虑及时且有效率地保护未成年人的基础上来规定的。对此，新未成年人保护法不仅从网络服务提供者出发，也从家庭等不同主体出发对网络欺凌防治等内容作了规定，力图实现对未成年人的线上线下全方位保护。网络服务提供者虽为未成年人遭受网络欺凌问题中的“后责任主体”，但仍应通过加强行业自律、加快技术创新等途径，从技术提供者的角度针对未成年人遭受网络欺凌的规制问题给予帮助。该主张与新未成年人保护法规定的网络服务提供者承担的是“后采取措施制止义务”之理由不谋而合，确有异曲同工之妙。[②]

（三）网络平台不良信息治理仍需深入

随着未成年人使用网络平台场景的复杂化、多元化，目前网络不良信息侵害未成年人的趋势尤为明显。这不仅表现为色情网站、钓鱼网站、涉黄涉赌APP等职业不良信息APP及网站屡禁不止，更表现为随着短视频APP、社交网络等交互式平台的普及，不良信息以文字、图片、视频甚至网页或APP链接的形式污染未成年人日常上网环境。交互式网络平台[③]因用户多、流量大等特性成为网络不良信息盈利的新阵

① 参见苗浚麒：《我国未成年人遭受网络欺凌后的权利保护路径探究》，吉林大学2020年硕士学位论文，第26页。

② 参见萧郁溏：《以比较法观点规范网络服务提供者于防制性隐私内容外流至责任与义务》，载《政大法学评论》2018年第3期。

③ 所谓“交互式网络平台”，是指运用各种软件来创建的一种交互式体验平台，使用者不仅可以简单阅读文本和查看图像，还可以上传或改变平台中的部分内容。

地。不良信息内容生产者为获取流量、赚取广告费，通过这些平台向公众传播虚假广告类、造谣传谣类、色情低俗类、危害国家类、暴力恐怖类、“黑公关”类等多种违法违规的不良信息。加上未成年人鉴真鉴优能力弱，引发众多不良影响，经调查显示，2019 年 46.0% 的未成年网民曾在上网过程中遭遇各类不良信息，比 2018 年增加 15.7%；其中炫富类、淫秽色情、血腥暴力、消极思想均超过 15%。[①] 对此，分析网络不良信息在未成年人群体中盛行原因及发展态势，有助于实现精准治理、有效监管。

第一，不良信息的高牟利性导致其使用场景扩大。在信息爆炸时代，不少网络自媒体开始利用不良信息吸引网民的“眼球”以赚取流量。网络直播通过“打擦边球”或“博出位”等表演方式吸引打赏、增加点击量；微博“大 V”通过造谣及炒作等内容赚取佣金，提升影响力；“黑公关”通过营销推广和收费删稿等操作“碰瓷”讹诈，蝇营狗苟……复杂的交互式平台加大了人们甄别信息的难度，使其更易受到蛊惑。

第二，从自身来说，未成年人的低鉴真和低自控能力使其在开放的网络环境中易受不良信息蛊惑。截至 2020 年，未成年人的互联网普及率已达 99.2%。[②] 网络成为未成年人学习、交友、娱乐的第二世界，但也推动不良信息解锁了新的发育场景。以学习场景为例，不良信息发布者在学习教育类平台的互动版块发布网络游戏、低俗小说、娱乐直播等与学习无关的广告以及淫秽色情、猥亵诱导、暴力犯罪、自杀自残等不良信息，转移未成年人注意力、污染网络学习环境。

第三，交互式网络平台的多主体性增大了监管难度。在交互式网络

---

① 参见《2019 年全国未成年人互联网使用情况研究报告》，载中华人民共和国国家互联网信息办公室官网，http：//www. cac. gov. cn/2020 – 05/13/c_ 1590919071365700. htm ，最后访问时间：2020 年 12 月 27 日。

② 参见《青少年蓝皮书：中国未成年人互联网运用报告（2020）》，载中华网，https：//news. china. com/focus/hlwwcnbh/ttiao/13004057/20201209/39055276. html，最后访问时间：2020 年 12 月 27 日。

平台中，治理网络平台不良信息需网络信息内容生产者、平台、使用者、网络行业组织等多方合力。而目前，网络不良信息治理过度依赖举报和舆论引导监管，网络信息服务平台各主体间广泛存在信息、技术以及治理能力上的不对等，上下游主体之间无有效协同机制；[①] 网民作为网络信息内容服务使用者，既是不良信息的受害者，也有可能因甄别能力弱而成为不良信息转发的违法者。

正是由于此种网络不良信息的发展趋势，国内外对于网络不良信息的治理范围从“职业不良信息网站”延展到以网络游戏平台、网络直播平台、网络音视频平台、网络社交平台在内等的综合性交互式平台。自2020年以来，国家多次出台措施监管平台不良信息，下发多个文件[②]，通过专项整治、约谈企业等方式整治网络不良信息。值得注意的是，在《网络信息内容生态治理规定》出台之前，我国对于网络不良信息内容主要是分散式立法，分别对游戏、直播、网站等场景中的不良信息进行纵向垂直治理，缺乏横向的、统一的法律规定。《网络信息内容生态治理规定》的出台刚好填补了这一横向空缺，其以“网络信息生态治理”为目标，总结和升华了过去的管理经验，以部门规章的形式对网络信息内容管理的各项制度进行了集中化的统筹安排，以政府监管、企业履责、社会监督、网民自律四主体为抓手，明确权利义务，增强各主体参与网络生态治理的能动性，建造基于共同利益和目标的共治型伙伴关系，落实了网络信息内容管理的法治化要求。[③]

---

① 参见石景欣：《网络不良信息治理对策研究》，载《互联网天地》2020第11期。

② 如《网络信息内容生态治理规定》《教育部等六部门关于联合开展未成年人网络环境专项治理行动的通知》《关于进一步加强涉未成年人网课平台规范管理的通知》《关于开展2020“清朗”未成年人暑期网络环境专项整治的通知》等。

③ 参见《深度解读〈网络信息内容生态治理规定〉》，载国家互联网信息办公室官网，http：//www. cac. gov. cn/2020－03/02/c_ 1584692437514622. htm，最后访问时间：2020年12月23日；《营造清朗网络空间，建设良好网络生态》，载国家互联网信息办公室官网，http：//www. cac. gov. cn/2019－12/21/c_ 1578463644413880. htm，最后访问时间：2020年12月23日。

（四）互联网教育 APP 未成年人信息保护亟待强化

随着教育类 APP 的快速发展，在提高教学水平、满足学生个性化学习需求的同时，一些数据滥用、强制授权、平台垄断等乱象也日益凸显。相较于综合类 APP，教育类 APP 可以直接识别未成年人，造成“精准”危害。未成年人自我保护能力更差，如未成年人个人信息频繁泄露，可能对其今后的成长造成持续影响。

未成年人保护法修改填补了过往 14～18 岁未成年人如何更正、删除个人信息的模糊地带。我国此前将未成年人人群分为 0～14 岁和14～18 岁两个阶段，并于 2019 年专门出台了《儿童个人网络信息保护规定》，专门对 0～14 岁未成年人的个人信息保护进行规范，规定“网络运营者收集、使用、转移、披露儿童个人信息的，应当以显著、清晰的方式告知儿童监护人，并应当征得儿童监护人的同意”。该规定还对应当告知的事项作出了细则性的要求，但还是缺少对 14～18 岁未成年人的管理规定。修改后的未成年人保护法第七十二条第二款填补了 14～18 岁未成年人信息更正、删除的规则，规定“未成年人、父母或者其他监护人要求信息处理者更正、删除未成年人个人信息的，信息处理者应当及时采取措施予以更正、删除，但法律、行政法规另有规定的除外”。这一修改显著加强了对未成年人信息的保护。

但未成年人保护法第七十二条和第七十三条仍有需要细化、完善的之处。首先，第七十二条第二款的规定还可能造成父母滥用更正、修改权的问题。未成年人保护法第七十二条第二款规定，“未成年人、父母及其他监护人可要求信息处理者更正、删除未成年人个人信息”，但该规定缺少必要的细化条件，如果未成年人的父母无需任何前置程序要求，即可任意要求网络服务者删除某些信息，可能给网络经营带来操作上的不便，并影响网络经营者的效率。此外，如何从技术上辨别当时使用设备的是为未成年人，还是事后反悔的成年人，也依然是问题。

其次，未成年人保护法第七十三条规定：“网络服务提供者发现未成年人通过网络发布私密信息的，应当及时提示，并采取必要的保护措施。”此前网络信息安全领域相关规范文件中，有提出“个人敏感信息”的近似的概念，并以列举的方式说明个人敏感信息主要包括用户身份证号、银行账号、行踪轨迹等信息。但未成年人保护法中“私密信息”的内涵如何定义并没有直接规定。民法典第一千零三十二条亦有对“私密信息”的规定，但也并未明确其内涵。“私密信息”内涵的模糊给网络服务提供者带来了一定的执行困难。

总结起来，未成年人保护法的修改对过往规定作出了进一步完善，加强了对 14～18 岁未成年人的信息保护，但仍然需要细则来进行细化，以解决法律适用上的问题。

四、未成年人权利网络保护的建议

（一）国家层面：细化未成年人保护法律体系，落实保护措施

我国未成年人保护法、《儿童个人信息网络保护规定》在立法层面已经迈出了关键性的一步。但是，现有的法律法规比较抽象、概括，要充分发挥效力还需要进一步拓展和细化。建议对浏览、持有未成年人淫秽色情信息立法惩治。目前，我国尚未将持有以儿童为对象的色情制品定性为犯罪。并且，与未成年人淫秽、色情制品相关的犯罪之定罪标准较高，对制作、复制、出版、贩卖、传播淫秽文件的数量、点击次数、注册会员数量、违法所得数量等都有要求。

建议修法禁止性引诱未成年人。性引诱在儿童性剥削过程中非常常见，这一行为本身已足以对儿童的身心健康造成巨大的损伤，如果没有明确处罚规定，会使得性剥削实施行为无法得到事前遏制，也会由于缺乏震慑力导致不法分子更加肆无忌惮。目前，与“线上儿童性剥削”相关的违法犯罪，我国主要通过刑法、司法解释、治安管理处罚法和其他部门规章、行业规范性文件进行规制。而实践中也存在大量“线上侵害”甚至性侵害未成年人案件因未达到猥亵儿童罪的定罪标准，无

法按照猥亵儿童罪定罪处罚的情况。[①]

建议由工信部门尽快推动国家有关部门出台统一标准，规范智能终端产品的未成年人网络保护软件。从智能终端入手，才能做到未成年人保护标准统一化、全覆盖，也可以将网络安全法、未成年人保护法、《儿童个人信息保护规定》等立法要求转化为国家智能终端的共同技术标准。一些网络内容服务商已经开发并使用了青少年防沉迷系统，但是各软件所设置的系统模式不同，而网络应用市场不断推陈出新，单独设置给家长带来很多的困扰，且使用效果大打折扣。建议研制和部署国家统一的未成年人智能终端产品和服务保护规范，并实施严格的企业生产技术准入和服务准入制度。

（二）行业层面：行业自律组织应倡导行业自律和自我管理

在未成年人保护的社会治理经验中，依靠行业力量来推动是各国的普遍经验。网络未成年人保护依靠行业和技术力量，可以实现对不良信息的有效过滤，形成“安全港”模式。行业管理措施包括了在已有的未成年用户进行有效识别的平台基础上的实现，全面落实企业既有的防控措施。应积极改良“青少年模式”，优化时间管理、功能管理、家长控制以及内容过滤等功能。“适龄提示”和“内容分级”落实到位。加强网络素养培育宣传工作，培养大众对互联网发展应用的科学认知。研究制定“未成年人网络素养”规划，科学引导未成年人合理用网、增强自我保护。鼓励行业实践与研究机构配合，共同探索未成年人网络保护的最佳实践，如探讨在物理硬件统一推广青少年模式。鼓励学术界基于行业实践进行研讨总结。

平台要加强自我管理，倡导行业自律。建议网信办牵头与网络平台、相关社会团体建立青少年保护协调机构，起草自律条例，规范行业

---

① 蒲晓磊：《禁止对未成年人进行性引诱应入法》，载法治网，http：//www. legaldaily. com. cn/index/content/2020 –07/21/content_ 8253573. htm，最后访问时间：2021 年 12 月 30 日。

组织从业人员的行为。网络平台进一步完善网络信息报告，处置等操作程序，增强互联网行业组织和人员的社会责任感；优化未成年人信息授权机制，以“制度＋技术”双重保障防范风险；逐步建立以网络运营商为主导的强制性网络内容审核机制。建立便捷、合理、有效的投诉和举报途径，公开投诉、举报方式等信息，畅通未成年人及其监护人的通知渠道。

（三）社会层面：发挥学校和家庭的监督引导作用

未成年人网络保护需协调社会各方面力量。共产主义青年团、妇女联合会、工会、残疾人联合会、关心下一代工作委员会、青年联合会、学生联合会、少年先锋队以及其他人民团体、有关社会组织各环节都不宜缺位。[①] 社会团体还可组建网络文明志愿者队伍，帮助青少年提升网络运用水平，利用情景剧、微电影、微视频、公益广告等多种形式进行未成年人法治宣传。引导青少年依法上网、文明上网、理性上网。

在学校方面，学校如发现未成年学生沉迷网络的，应当及时告知其父母或者其他监护人，共同对未成年学生进行教育和引导。在一些“信任”的学习类 APP 上，学校应当承担更多的审查义务，学校如果发现有不符合通知规定的，及时向教育管理部门汇报。

在家庭方面，建议父母应尝试接触、学习网络上的新事物，提高自身网络素质和数据素养，以便培养孩子的个人隐私意识。建议监护人妥善保管自己的身份账号，灵活使用青少年管理模式并严格管理好该管理模式的密码。此外，监护人自身也应当强化安全意识，避免在社交网络上泄露或过多地分享暴露子女的学校、住址、爱好、照片等个人隐私信息。

---

① 参见未成年人保护法第十条规定：“共产主义青年团、妇女联合会、工会、残疾人联合会、关心下一代工作委员会、青年联合会、学生联合会、少年先锋队以及其他人民团体、有关社会组织，应当协助各级人民政府及其有关部门、人民检察院、人民法院做好未成年人保护工作，维护未成年人合法权益。”

观点精选①

（一）未成年人网络沉迷治理难题之破解：精准治理与场景控制

网络沉迷对未成年人造成的危害主要有以下几方面：

1. 损害未成年人身心健康；
2. 影响未成年人正常性格，使未成年人自控能力下降；
3. 影响现实世界中未成年人处理人际关系；
4. 导致未成年人价值观念的扭曲和道德观念的异化；
5. 经济损失风险加大；
6. 网络安全隐患和网络犯罪现象；
7. 其他。

我国沉迷网络的未成年人比例较高，多年来虽有多种综合措施，但仍然呈现久治难愈的状况。出现这种情况，主要有以下原因：第一，以青少年为目标用户的互联网飞速发展，网络对未成年人的吸引力越来越强，使得防沉迷难度不断加大；第二，教育部门加快推进教育信息化，打造数字化校园，未成年人在接受在线教育的同时不可避免受到网络的强力吸引，自制力减弱而沉迷网络；第三，立法落后于网络发展，治理存在漏洞；第四，新社交方式不断出现，监管无法及时跟进；第五，家庭监护环节出现漏洞，未成年人防沉迷机制未形成闭环；第六，未成年人心理需求未能在现实中得到充分满足，沉陷网络无法自拔；第七，未成年人的网络素养教育不够全面细致，教育方式吸引力不够；第八，未成年人网络沉迷治理未能做到精细化，尚未能够根据不同年龄段和不同场景实行精准治理。

---

① 受2021年4月18日举办的“大治论坛：全球互联网法律观察（2020—2021）”分论坛五“未成年人网络保护问题”中专家、学者的发言启发，本节内容由研究团队会后重新梳理、补充而成。在此对与会专家、学者的专业意见表示感谢，详见本书“致谢”部分。

要解决未成年人网络沉迷问题：首先，要增强认识。未成年人网络沉迷治理关系到千万个家庭的幸福、关系到未成年人的安全与前途、关系到国家基层社会治理的成本、关系到国家间竞争、关系到国家的未来。其次，精准治理。根据不同对象区分治理方式。精准治理的三大根本路径为：一是净化网络环境，从外部减少未成年人上网风险；二是培养网络素养，从内部提升未成年人自身认识网络、智慧用网、抵御风险的能力；三是增加现实生活吸引力，营造线下生活，增加现实生活的吸引力。最后，场景控制。细分上网场所、控制上网时间，需要从以下几方面着手努力：一是家庭、平台与政府部门需要把牢网络入口关，减少未成年人接触的机会；二是平台和政府共同把牢内容关，净化网络环境，减少未成年人上网风险。

（二）未成年人网络社交中的犯罪被害：风险类型与防范之策

网络是一柄“双刃剑”，一方面方便和提升了大众的生活品质，另一方面也提供了新的犯罪场景和工具。网络社交功能发展迅速，促使泛社交化和多元社交场景凸显，从而使得社交平台成为侵害未成年人网络犯罪的工具或工具提供者。

未成年人网络社交场景下受害主要风险类型有：（1）利用社交平台进行网络诈骗；（2）利用社交平台传播网络淫秽色情信息；（3）网络性侵害；（4）网络欺凌；（5）利用网络实施拐卖儿童行为。此外，还包括利用社交平台非法收集、存储、使用、转移、披露未成年人个人信息的犯罪行为。

以上犯罪，主要呈现出犯罪门槛低、隐蔽性强、预防打击难等特点。针对这些特点，总体防范思路仍是构建政府有关部门、司法机关、互联网企业、社会组织、学校、家长等多方参与的未成年人网络保护体系。具体而言：（1）完善法律法规，明确平台责任及其承担方式；（2）完善行业自律规则，引导网络社交行业规范化发展；（3）推进社交平台合规建设，落实社交平台的主体责任；（4）落实政府监管职责，加强执法协作和司法参与；（5）完善宣传教育制度，提高未成年人的自我保护能力。

（三）未成年人网络保护的理念、内容与路径：基于传播学的视角

从传播学角度理解未成年人保护法网络保护专章中的内容和具体路径的指引，未成年人保护法增设“网络保护”专章的理念包括：(1) 问题导向、与时俱进：一方面界定了已发现的重要问题，另一方面也通过法律引起整个社会对问题的重视。(2) 立足国情、博采众长：网络保护专章中也体现出来立足中国国情、借鉴其他国家经验的重要特点。(3) 创新与继承并重：网络保护专章在之前相关法律规定的基础上实现了更新迭代。(4) 保护与发展并行：网络保护专章注重未成年人群体网络保护和网络权益发展并行。

未成年人网络保护的具体内容和问题包括：

1. 网络沉迷

网络保护专章颁布之后要对网络沉迷做更细化的界定和程度分类，能够帮助意识到这些问题的公众、家长群体、老师群体做更切实的甄别和应对。

2. 网络欺凌

未成年人网络欺凌问题与网上群体激化、网络极端的情绪具有共性，也与青少年饭圈等亚文化密切相关。

3. 个人信息安全

需要界定平台收集、保存个人信息的范围和方式，并明确个人删去相应信息的途径。

4. 网络色情与性侵害

网络色情内容嵌入未成年人日常使用场景，影响其认知，产生了负面作用。

未成年人网络保护的实施路径包括：（1）政府治理；（2）学校教

育；（3）家庭抚育；（4）平台责任；（5）社会共治。

（四）我国未成年人网络保护的立法特色和制度亮点

近年来，随着互联网技术的快速发展应用和移动智能终端设备的广泛普及，未成年网民队伍不断扩大，逐渐成为网络用户的主力军，网络空间已经成为未成年人保护的新领域。互联网的高速发展和广泛应用为未成年人的成长提供了无限可能性，但与此同时，未成年人网络接入环境更加复杂，未成年人在网络空间的正常活动没有得到完全保护。在我国互联网产业高速发展的同时，国家高度重视未成年人网络保护工作，依法加强网络空间治理，逐步完善相关法律法规，对未成年人网络专门保护也提上了立法日程。

2020年10月17日，全国人大常委会表决通过修订后的未成年人保护法，于2021年6月1日正式施行。未成年人保护法修订历经三次审议、两次公开征求意见，“网络保护”专章设立了多项未成年人网络保护管理制度，回应了我国未成年人网络保护的现实需要，体现了科学立法、民主立法、依法立法的基本要求。

网络保护专章体现三大立法特色：第一，坚持问题导向。法律立足于当前未成年人网络保护存在的薄弱环节和迫切需求，聚焦我国未成年人网络保护工作亟须解决的现实问题，并增加了相应的法律制度设计。第二，加强综合治理。“网络保护”专章强调综合治理模式，不仅规定了国家、社会、学校和家庭等各方主体的作用，还明确了统筹协调的管理机制；不仅规定了强制性的行政手段，也规定了教育、引导等非强制性手段。第三，创新与继承并重。对于存在立法空白的问题，创造性地设计了相关法律制度；对于已有规定但立法层级较低的问题，通过未成年人保护法提高效力；对于实践中已有成熟做法或管理制度的问题，沿用现行制度并通过法律形式予以固定下来。

网络保护立法突出十大制度亮点：（1）完善网络保护监管体制；（2）依法保护未成年人网络权益和上网安全；（3）明确规定未成年人

网络素养培育和提升；（4）高度重视未成年人沉迷网络预防和干预；（5）创设可能影响未成年人身心健康信息提示制度；（6）要求预装上网保护软件并作出选择性规定；（7）进一步强化未成年人个人信息保护；（8）对未成年人易于沉迷的内容进行重点监管；（9）针对网络欺凌问题作出专门规定；（10）建立未成年人网络保护投诉举报机制。

（五）未成年人网络保护相关问题思考

1. 关于加强监管的意见

首先，关于未成年人网络在线时间的控制与分配问题。我们不可能要求未成年人生活在一个没有网络的时代，我们应该顺势而为，在传统社会向未来在线社会转型和过渡的过程中，为未成年人谨慎地分配和控制网络在线的时间，从而保证充足的线下生活交流的时间。

其次，关于未成年人保护法网络保护专章的问题。未成年人保护法网络保护专章这一章虽然有所规定，但仍然是抽象的，可操作性也不是太强，仍有待细化。未成年人保护法特值得称赞的地方在于法律责任方面得到了很大增强，下一步还需要我们的行政机关、执法机关在这方面给予更多的重视，执法人员也应该加大执法力度。

再次，关于网络素养的教育和培养问题。团中央、教育部等组织应从未成年人接触电子产品早期阶段就开始培养和教育其网络素养。

最后，平台责任问题。加大平台责任，要有更完善、更精细的实施细则，对平台处罚力度以及领导力度、指引力度要加强。

2. 关于“疏”“堵”结合的意见

第一，过度禁止未成年人使用网络并非最有利于未成年人，对未成年人网络保护应采取“疏”和“堵”相结合的方式；

第二，青少年模式等的设置应考虑未成年人现实需求和线上需求；

第三，家庭和学校应提高自身网络素养；

第四，司法部门可通过多种渠道敦促和保证未成年人保护法有关法律责任予以落实；

第五，网络保护应多学科结合研究。

3. 关于从未成年人权利视角出发的意见

第一，要从未成年人权利视角来看待未成年人网络保护问题；

第二，要从未成年人利益最大化原则出发；

第三，要做好公共利益和未成年人保护的平衡问题、平台责任和监护人监护职责问题、立法精细化的执行问题和网络素养问题。

结　语

"Across the Great Wall we can reach every corner in the world."

跨越长城，走向世界。

从这一邮件成功发送至今不过短短数十载，[①] 我国互联网产业也从一步三摇的襁褓婴儿成长为朝气蓬勃的舞勺豆蔻。在此期间，互联网技术快速迭代，风口层出不穷，热点各领风骚；在此期间，与互联网产业有关的众多领域从粗放生长开始，在各界的热切关注、广泛讨论和大胆尝试下逐步走向成熟；在此期间，人们经历和见证了一批批互联网应用的更替——直至今日，互联网已经成为社会大众日常生活中牢不可分的一个重要组成部分。

在此背景下，2004 年 4 月 14 日北京大学互联网法律中心成立，成为中国专门从事互联网领域法律与政策研究的重要机构之一。十七年栉风沐雨，不忘初心，中心立足互联网法律政策研究前沿，通过科研立项、论文资助、会议组织、论文编刊等方式开展互联网法律和政策问题的深度研究，为政府决策、产业发展、学术研究、人才培养提供支撑。

在互联网法律这一交叉学科的研究中，北京大学互联网法律中心始终以联系实际、服务产业为目标，以基础理论研究带动实务对策研究为

---

① "Across the Great Wall we can reach every corner in the world." 是 1987 年 9 月 20 日中国第一封成功发出的电子邮件内容，中国第一次通过互联网向世界发出声音，这对改变中国计算机发展的国际形象、推广网络应用技术等有着至关重要的意义。

基本范式，促进了中心学术科研水平的不断提高。首届“大治论坛”是继中心连续举办多届互联网法律与公共政策研究论坛之后的又一次升级实践，是中心继续依托我国互联网产业发展、在产学研互动基础上形成稳定研究平台、推动我国互联网法理论研究水平进步、加强与国际同类科研机构交流合作、促进研究成果国际化的又一次努力尝试！

时至今日，前互联网时代已经过去，后互联网时代产业的持续发展也为社会带来了许多新议题。这些议题或大或小，连接着互联网与各个领域的方方面面。本报告从法律适用的角度出发，选取了五个议题：网络平台个人数据流通利用、网络游戏直播知识产权、平台经济领域反垄断、网络直播营销行业监管和未成年人网络保护。这些议题均为当前广受全球瞩目的热点议题，各国为应对这些新议题，颁布了诸多新法新规，学界亦绽放出诸多学说观点之花。这些新法新规、学说观点和有关应对措施能否为我国互联网产业所用，亟待进一步探讨。本报告结合近几年产业状况、热门案例、全球有关理论和应对经验进行了归纳和提炼，并在此基础之上提出了一些新的展望。

在此之外，互联网大潮上还有浩如烟海的无数重要议题，它们同样十分引人入胜。可以预见，未来必定还会有更多更为先进的技术诞生，互联网产业也将与个人生活结合得更为紧密，带来更多的便利。更多前所未有的社会关系和交互网络也将随之被构建，而新的社会关系和形式又必然会带来更多新的议题。面对这些新的议题，相信未来的人们仍将秉承互联网精神，通过开放和协作，合作共赢，共谋发展。

致 谢

《全球互联网法律观察（2020—2021）》于2021年初形成初稿，邀请了法学领域专家针对初稿提出指导意见和修改建议，在此基础上形成改稿和公开发布的定稿。

2021年4月18日，“大治论坛：全球互联网法律观察（2020—2021）”在北京顺利举办，得到40余名学术界、实务界专家、学者的支持，他们不仅针对互联网热点法律问题发表了独到的见解，还展开了有深度、有建设性的探讨、讨论，为研究团队打开了新的研究思路。会后，研究团队在与会专家、学者发言的启发下，重新进行整理、补充，形成本书各部分结尾的“观点精选”。

在此，向提供指导意见的法学专家和在“大治论坛：全球互联网法律观察（2020—2021）”中参与发言的专家、学者、实务工作者表达感谢，正是他们有益的分享、建议和讨论促进了互联网行业的法律之治。他们分别是：

《全球互联网法律观察（2020—2021）》指导专家（按姓氏笔画顺序）：

刘银良　北京大学法学院教授、博士生导师

杨　明　北京大学法学院教授、博士生导师

“大治论坛：全球互联网法律观察（2020—2021）”主论坛专家和嘉宾（按发言顺序）：

张所菲　中国法学交流基金会理事长

Günther Marten（马君泽）　国际知识产权商业化理事会顾问委员会成员

韦　犁　国家市场监督管理总局网络交易监督管理司副司长

潘剑锋　北京大学法学院院长

王锡锌　北京大学法学院教授、博士生导师

姜　颖　北京互联网法院副院长

周　辉　中国法学会网络与信息法学研究会副秘书长

毕春丽　中国信息通信研究院知识产权中心政策法律研究部主任

郃江丽　字节跳动中国法务部负责人

赵烨福　网易游戏知识产权总监、法务专家

“大治论坛：全球互联网法律观察（2020—2021）”分论坛一“网络平台个人数据流通与利用”专家和嘉宾（按发言顺序）：

王江桥　杭州互联网法院副书记、副院长

吴伟光　清华大学法学院副教授

许　可　对外经济贸易大学数字经济与法律创新研究中心执行主任

赵精武　北京航空航天大学法学院助理教授

贺雅琪　北大法宝智慧法务研究院高级研究员

吴沈括　北京师范大学法学院网络法治国际中心执行主任、博士生导师

姚　佳　中国社会科学院法学研究所编审

杨德嘉　北京市海淀区人民法院法官

常宝堂　陕西省高级人民法院民三庭副庭长

"大治论坛：全球互联网法律观察（2020—2021）"分论坛二"网络游戏直播知识产权保护"专家和嘉宾（按发言顺序）：

刘晓春　中国社会科学院大学互联网法治研究中心执行主任

尹锋林　中国科学院大学知识产权学院副教授

周　扬　广州互联网法院法官

黄菁茹　西北大学法学院助理教授

刘莹莹　字节跳动中国法务部诉讼法务总监

王宏磊　广州多益网络股份有限公司法务总监

来小鹏　中国政法大学民商经济法学院教授、博士生导师

王　迁　华东政法大学教授、博士生导师

李　琛　中国人民大学教授、博士生导师

崔国斌　清华大学法学院副教授、博士生导师，清华大学知识产权研究中心主任

张晓霞　北京知识产权法院审监庭庭长

"大治论坛：全球互联网法律观察（2020—2021）"分论坛三"平台经济领域反垄断新发展"专家和嘉宾（按发言顺序）：

杨　东　中国人民大学区块链研究院执行院长

李强治　中国信通院政策与经济研究所监管部主任

焦海涛　中国政法大学民商经济法学院教授

韩　伟　中国社会科学院大学法学院副教授

Adrian Emch（孟记安）　霍金路伟国际律师事务所合伙人

吴　韬　中央财经大学教授、法学院党委书记

许光耀　南开大学法学院教授

杨　明　北京大学法学院教授、博士生导师

“大治论坛：全球互联网法律观察（2020—2021）”分论坛四“网络直播营销行业监管问题”专家和嘉宾（按发言顺序）：

朱　巍　中国政法大学传播法研究中心副主任、副教授

刘　朝　中国科学院大学公管学院法律与知识产权系副教授

朱芸阳　中央民族大学法学院副教授

张金平　中央财经大学副教授

王文华　北京外国语大学法学院教授

吕来明　北京工商大学商法研究中心主任、教授

赵　践　中国广告协会副秘书长

“大治论坛：全球互联网法律观察（2020—2021）”分论坛五“未成年人网络保护问题”专家和嘉宾（按发言顺序）：

彭　伶　中国法学会会员部副主任

王贞会　中国政法大学诉讼法学研究院教授、检察基础理论研究基地执行主任

蒋俏蕾　清华大学新闻传播学院副教授、博士生导师

何　波　中国信息通信研究院互联网法律研究中心主任研究员

林　维　中国社会科学院大学副校长

何　挺　北京师范大学刑事法律科学研究院副院长、教授

郭开元　中国青少年研究中心法律研究所所长

再次感谢以上专家、学者、实务工作者对本书和“大治论坛”的支持！祝身体健康、事事如意！

后　记

本书的编辑出版得到了中国法制出版社及王熹、赵律玮等编辑的大力支持，北京大学粤港澳大湾区知识产权发展研究院在执行院长张平及首席项目执行官张宇枢的组织下建立了研究团队，共同参与了本书的撰写、修订工作，具体参与写作人员如下（按照撰写顺序）：闫文光（中国人民大学法学院）、辜凌云（北京大学法学院），熊诗敏（北京大学法学院）、吕磊（中国科学院科技战略研究院）、谢阳（中山大学法学院）、徐美玲（对外经济贸易大学法学院）、梁欣然（北京大学粤港澳大湾区知识产权发展研究院）、刘伟斌（中山大学法学院）、张珈玮（美国加州大学伯克利分校）、王展鹏（中南财经政法大学法学院）、王予君（北京大学法学院）、吴笑铭（北京大学法学院）、赵丹（澳门大学法学院）、蒋雨琦（北京大学法学院）、何一丹（北京大学法学院）、郭玉瑶（北京大学法学院）、林静琳（北京大学法学院）、雷琦（北京大学法学院）、邓人玮（北京大学法学院）、廖宝珊（中山大学法学院）。

未来，“大治论坛：全球互联网法律观察”将持续关注并选取有意义的互联网法律问题，为互联网行业合规提供方向，为互联网行业监管提供思路，响应国家依法治网、推动建立全球互联网治理体系的号召。本书难免有瑕疵甚至错误之处，敬请读者批评指正。欢迎与我们联系（电子邮箱：pkuiplaw@ ipip-gba. cn），也期待并感谢您的任何意见或建议！

图书在版编目（CIP）数据

全球互联网法律观察．2020—2021／张平主编．—
北京：中国法制出版社，2022.3
ISBN 978-7-5216-2566-0

Ⅰ.①全… Ⅱ.①张… Ⅲ.①计算机网络-科学技术管理法规-研究报告-世界-2020-2021 Ⅳ.①D912.104

中国版本图书馆CIP数据核字（2022）第042298号

策划编辑 王 熹　　责任编辑 赵律玮　　封面设计 杨泽江

全球互联网法律观察（2020—2021）

QUANQIU HULIANWANG FALÜ GUANCHA（2020—2021）

主编/张平

经销/新华书店

印刷/河北华商印刷有限公司

开本/710毫米×1000毫米 16开　　印张/13.75 字数/167千

版次/2022年3月第1版　　2022年3月第1次印刷

中国法制出版社出版

书号 ISBN 978-7-5216-2566-0　　定价：65.00元

北京市西城区西便门西里甲16号西便门办公区

邮政编码：100053　　传真：010-63141600

网址：http://www.zgfzs.com　　**编辑部电话：010-63141793**

市场营销部电话：010-63141612　　**印务部电话：010-63141606**

（如有印装质量问题，请与本社印务部联系。）